Alejandro Colanzi Zeballos

DELINCUENCIA PRIVILEGIADA

Santa Cruz de la Sierra

Colanzi Zeballos, Alejandro
DELINCUENCIA PRIVILEGIADA
1er edición en español: Bolivia, Ed. El Pais, 1985.
2da edición en español: US, Kdp Print US, 2022.
142 p.; 23 x 15 cm (Derecho, Criminología, Impunidad, Carceles, Delincuencia, Educación)
ISBN-13: 979-8404618877

Corrección (texto): Mary Ch. Cano
Corrección (imagen): Mary Ch. Cano
Diagramación: Carlos Lorenzo
Diseño de tapa: Tapa original de libro de 1985
Imagen de tapa: Tapa original de libro de 1985
© alejandrocolanzizeballos-MMXXII
Derechos Reservados
ISBN-10: 8404618877
ISBN-13: 979-8404618877
Impreso en US – Print in US

DEDICATORIA

A la persona que me inició en la búsqueda de un mundo mejor: **MI MADRE**

Derechos reservados
Alejandro Colanzi Zeballos

(Tesis presentada para optar
la licenciatura en Derecho
en la U.A.G.R.M.)

PROLOGO A LA 2DA EDICIÓN

Reeditar lo que se hizo hace más de 38 años es una excelente oportunidad para detenerse y retrotraer, repensar: como cuando llega el atardecer.

¿Cuán libres somos?

Al recordar a Ortega y Gasset con su extraordinario precepto filosófico, que nos señala que soy "...yo y mis circunstancias" (...y mis circunstancias y yo, redondeando la interrelación), visión filosófica que también recuerda a los "sentimientos o valores medios" imperantes con el que contribuyó el criminólogo italiano Rafael Garofalo o al "imaginario colectivo o social" que hoy está de moda, etc. -o a todos ellos, en una construcción compleja-, surge la pregunta respecto a nuestra libertad: ¿somos libres?; o, ¿cuánto, esas circunstancias, valores medios o imaginario han esculpido nuestro yo, nuestro ser; o cuánto determinan, inciden o influyen en nuestras visiones y decisiones?. Reza el dicho popular "¿dónde va Vicente? ... donde va la gente"; ¿somos Vicente?, aceptando que la excepción confirma la regla.

Y, por otro lado, cuando esas circunstancias, valores medios o imaginarios colectivos nos arrancan un cuestionamiento, una antítesis ¿cuánto reproducimos de esas circunstancias, de esos valores medios o del imaginario que criticamos si es de ellos desde donde hacemos la crítica?; ¿de cuánta tesis está preñada la antítesis?

Por ello es importante contextualizar, que no es otra cosa que intentar detectar y abstraer las circunstancias, sentimientos, valores medios o el imaginario imperante en un momento determinado, para entender nuestro YO, nuestras actuaciones.

¿Abogacía por descarte?

Algo parecido o aproximado. Tenía apenas 15 años de edad y una definición de vida por delante: hermano Marista, abogacía o militar. Descartada la vida religiosa porque mi hermano mayor ingresó al seminario y pese a la religiosidad de mi señora madre, que fungió de madre y padre, ante el muy temprano abandono paternal, le causó profundo pesar que su hijo mayor tome esa decisión, la cual también influyó en mi porque el sólo pensar en el daño que le causaría si su segundo hijo optara también por la vida religiosa. Conocía de alguna manera, ya a esa edad, qué era ser abogado, debido a los procesos que se generaron a partir de algunos inquilinos -alquilantes- de mi madre que queriendo aprovechar su soledad (ausencia de esposo) y la pequeñez de sus hijos, probaron no pagar los alquileres (que, sumado al oficio de mi madre, la costura de vestidos femeninos, hacían su autonomía económica, precaria pero suficiente en su también oficio de madre y padre de 3 varones) o quedarse en posesión; además de tener familiares y vecinos con esa formación.

Como faltaba ver de cerca la vida militar que nos atraía por la intensa vivencia en el movimiento Scout (lobato, explorador, guía de patrulla, guía mayor y precoz jefe de tropa – a mis 13 años –, y después jefe de grupo desde los 15 años) pero principalmente porque no conocía otra forma de gobierno (los años 60s y 70s fueron gobiernos militares - doctrina de seguridad nacional- con algunos esporádicos momentos disqué democráticos), decidí ir a prestar el servicio militar a dicha edad, claro que con algunas alteraciones documentales para tener la edad mínima exigida de 18 años, delito que hoy declaro porque a esa edad era inimputable y, además, ya prescribió. La dureza de la vida militar no fue suficiente para quebrarnos, pero una vivencia entre un nobel subteniente que maltrató y humilló a un veterano suboficial mayor, hace entender a cualquiera que siempre se tendrá a un superior para obedecer y esa proyección nos permitió definir y descartar la vida militar. El día en que cumplía 16 años, nos licenciaron para poder volver a casa, pero también me otorgaron el ascenso a DRAGONEANTE y con la definición de ser abogado, no sin antes haber estado a horas de participar en uno de los tantos golpes de estado que no prosperaron y a los que se los llamaba una "CHUTA", claro que en calidad de represor debía de participar en mi función de soldado; debía defender la patria, categoría que sirve y justifica todo menos su objetivo.

En los test vocacionales que apliqué en esos tiempos, arrojaban tendencias a lo social, humanístico y similares, reforzando la decisión ya tomada. En Santa Cruz de la Sierra sólo había abogacía (licenciatura en ciencias jurídicas, políticas y sociales: un tres en uno) y es así que a los 18 años (1.977) inicio la carrera de abogacía como también se inicia la turbulencia de la apertura democrática en Bolivia y la región, por incidencia del presidente norteamericano Carter.

Surgimiento del antimilitarismo

Si bien llegué a soñar en la adolescencia con la vida política a través del militarismo (de niño y adolescente sólo hubo gobiernos militares, hasta donde nos recuerda la memoria), el hecho antes descrito en el cuartel me alejó de ello. Pero dos acontecimientos hicieron que torne a un antimilitarismo en la juventud y vida universitaria. La primera fue la del golpe del Coronel Alberto Natusch Busch contra el Presidente Walter Guevara Arce (parlamentario elegido por el poder legislativo, provisionalmente ante un vacío legal que no regulaba la no obtención de la mayoría absoluta de votos), en pleno día de los difuntos (1 de noviembre de 1979); vivencia tan de cerca debido a que ya participaba del quehacer universitario con el frente ACCIÓN RENOVADORA ESTUDIANTIL (ARE) y un periódico que denominamos EL HERALDO, además de haber sido electo presidente de curso en la universidad; vivimos los tanques en las calles y los militares controlando todo; aunque no duró más de 17 días dicho "gobierno". El segundo fue el golpe de Luis García Meza, un 17 de julio de 1980, muy represor y cruel; las universidades fueron cerradas durante un año; obviamente creo que era el centavo que faltaba a nuestro antimilitarismo. Esta visión también estará presente en nuestra condición de parlamentario (diputado y jefe de la 2da. bancada por minoría) y "constituyente" de hecho, cuando el 2008 se había inviabilizado la Constituyente convocada para la reforma total de la Constitución y se intentaron mesas de negociación para salvarla: vicepresidencia de la república (reducida y ampliada), interinstitucional en Cochabamba (organismos internacionales, representaciones de países, iglesias, prefectos -hoy gobernadores-, municipios, bancadas parlamentarias). Fracasadas todas ellas y el país convulsionado, se traslada la mesa de negociación al parlamento y me encuentra en condición de jefe de la bancada de la 2da minoría, y es allí donde se conforma una mal llamada mesa clandestina, compuesta por el representante del oficialismo (Carlos Romero), el representante de la 1er minoría (Carlos Borth) y mi persona; en dicha mesa reducida planteo el tema de llevar a referéndum el tema de la obligatoriedad del servicio militar para jóvenes, propuesta rechazada rotundamente debido a que las fuerzas armadas habían expresado públicamente su rechazo a cualquier modificación de su institucionalidad: obviamente, son factor determinante de poder real. No hay peor gestión que aquella que no se hace: sigo pensando que no hay motivo de su existencia. Además, logramos como oposición la modificación de un tercio de la hegemónica Constitucional oficialista (154 artículos modificados); y, en lo personal logré que el tema de la cantidad de tierras vaya a referéndum sin contar que la oposición llamaría a la abstención y nuestra propuesta (de hasta 10.000 hectáreas) pierda; pero nos queda como conquista personal haber constitucionalizado el referéndum departamental autonómico del 2008 , la no intervención de los movimientos sociales a las cooperativas, entre otros artículos correspondientes que fueron redactados por mi persona y que quedan en la Constitución: mi función de constituyente sin buscarlo.

Reaperturadas las universidades el año 1981, aún con gobiernos militares y autoridades universitarias impuestas por ellos, reinicio la etapa final de la carrera de derecho (estudiante de derecho en gobierno negador del mismo: que ironía); y, en el penúltimo año llevamos la materia de "metodología de la investigación y tesis de grado", en la cual concibo la idea de realizar la tesis respecto a la fundamentación histórica, política y legal para la desaparición de las fuerzas armadas, idea que es rechazada por el profesor de tesis (sociólogo de apellido Soliz y de tendencia socialista -aunque esto último lo supe muchos años después-), por ser amigo y parte de un grupo de estudio en el que participaba, con el argumento de que "terminaría exilado" en el mejor de los casos. Esta adversidad académica me llevó a una crisis personal en sentido de no encontrar sentido (vaya ironía) al derecho y obviamente a mis estudios. Claro que la idea antimilitarista finalizó con un ensayo clandestino, que circuló en la UMSA de la ciudad de La Paz bajo el título de "El pueblo ha sentenciado: DESAPARICIÓN DE LAS FUERZAS ARMADAS", obvio que anónimamente; fueron los estudiantes trotskistas de URUS quienes mimeografiaron y lo distribuyeron: fue el primer contacto con ellos.

La cárcel: primer nexo

Un hecho previo que marca nuestra tendencia por lo social -y en especial por lo carcelario- aconteció la segunda mitad del año 1977, siendo presidente de curso fuimos a una visita carcelaria con un profesor, allí llamó poderosamente la atención un anciano de ocupación sastre (quizás por el similar oficio de mi madre) que había sido sentenciado a la pena de muerte, por la vigencia del Código Penal Banzer, y que la Corte Suprema de Justicia había confirmado dicha condena. Ejerciendo la presidencia del curso les planteo la idea de buscar la CONMUTACIÓN (facultad que tenía el Presidente de la República, según Constitución, para convertir la pena en otra menor) y con el respaldo absoluto, convocamos a otros cursos e instituciones juveniles a sumarse, y es así que logramos mucho respaldo formal a nuestra iniciativa, la cual es enviada a quien ejercía de Edecán (compañero de armas de un estudiante de derecho y compañero de curso) del Presidente Banzer, a quien le entrega directamente y en sus manos a inicios del año 1978. Ese año el Gral. Banzer llama a elecciones por presiones de Jimmy Carter y respalda a su delfín Juan Pereda Asbún, que siendo perdedor pese a un grosero fraude, no admite su derrota y genera un golpe de estado a Banzer; el último Decreto Ley (propio de los gobiernos de facto) del presidente depuesto fue la CONMUTACIÓN de la pena de nuestro defendido condenado a la muerte: se le convirtió a la pena máxima de presidio (30 años) y por los años que ya llevaba detenido, podría salir de inmediato. Esto marcó mi vida en la perspectiva de las acciones sociales y principalmente carcelaria; aunque de esta última ya la tenía en mi niñez porque acompañaba a Magdalena Roca a dejar la merienda a su señor padre, policía de ocupación, tanto en la cárcel -hoy comando departamental de la policía- como también en la central de policías -hoy brigada parlamentaria y manzana uno-.

Cocaína en la cárcel

También, debo confesar, que fue en aquella ocasión de ir a la cárcel en mi calidad de estudiante de derecho que conocí la cocaína. Si, fue en el recinto carcelario. Un interno, vecino de barrio y amigo de adolescencia que se encontraba detenido por comercialización y consumo de estupefacientes, quien, en conversación con un grupo de universitarios, saca del bolsillo de su camisa un sobre pequeño y lo abre, señalando que ese polvito era cocaína. Nos alarmamos porque cerca circulaban policías y él sin ninguna reserva nos la hizo conocer. Obvio, la cocaína no caía del cielo, entraba por algún lugar. Con el pasar del tiempo, volví a encontrarme con mi exvecino y me mostró su credencial de agente antinarcóticos: ironías de la vida.

Crisis de credibilidad del derecho y la tabla de salvación: la criminología sociopolítica

Retomando la crisis personal respecto al derecho y a su posible abandono aun siendo universitario, debo agregar que la función fugaz como diligenciero de la Corte Superior de Justicia y después auxiliar de un Jugado de Partido en lo Civil y, principalmente en nuestra calidad de tramitador del departamento legal del banco del estado, posibilitaron una cercanía al quehacer de la administración de justicia, variable que también fue preponderante en mi crisis, adversamente por supuesto. Coincidió esta crisis con el retorno el año 1982 de un grupo de amigos que habían salido hacia México a realizar postgrados, con quienes habíamos conformamos el Movimiento Generacional en la carrera de Derecho desde el año 1978; esa relación me llevó a conversar con uno de ellos que había cursado el posgrado en Criminología y Derecho Penal, a quien le comento mi frustración de tema de tesis, el desinterés por el derecho y mi posible esbozo de tesis (ante la inviabilidad de lo militar) sobre la inutilidad de la pena privativa de libertad, o sea, de la cárcel, un cuestionamiento más instintivo y de vivencia respecto a la administración de justicia; él me proporcionó fotocopias de dos tesis de profesores de su posgrado: Vásquez y Víquez , las mismas que leí y...."EUREKA" !!! Por arte de magia... apareció mi tabla salvadora: una visión criminológica diferente.

Decidí finalizar la carrera, pero sólo dedicarme a la investigación criminológica y no al ejercicio profesional.

Precio alto por defender la tesis: DELINCUENCIA PRIVILEGIADA

Finalicé el programa de derecho a mediados del año 1983 y ya venía preparando mi tesis de licenciatura la misma que presenté el año 1984; su revisión por parte del tribunal demoró casi 6 meses y sin ninguna observación se fijó fecha para su defensa. Fue profundamente controvertida en el acto de defensa. El primer miembro del tribunal examinador en preguntar y calificar fue un exoficial de la policía que no me preguntó absolutamente nada de la tesis, violando el reglamento de defensa de tesis, maliciosamente las únicas dos preguntas que lanzó fueron: a) nombre las sustancias que componen la hormona de la hipófisis; y, b) mencione el otro nombre de la tiroxina que produce la tiroides y de qué está compuesto. No tenían nada que ver esas preguntas lanzadas con el trabajo de investigación que se defendía; y, obviamente no hubo respuestas del postulante, como también el presidente del tribunal no exigió al examinador que se aboque a preguntar respecto a la tesis: la calificación fue negativa obviamente; después, muchos años más, nos volveremos a encontrar con el exoficial de la policía, en su calidad de fiscal de distrito y su relación con la Granja de Espejos. Otro examinador, militante de los partidos que sustentaron el gobierno militar que intervino las universidades, entendiendo el sentido de mi tesis, en un momento en que mis respuestas lo alteraron, furibundo se paró y golpeó la mesa de los examinadores y gritando me pidió que deje o abandone el país, si tanto cuestionaba el orden imperante. Nos recordó la premisa de la doctrina de seguridad nacional, "a la patria ... ámela o déjela" (en el año 1971, después del ascenso de Banzer, circuló una calcomanía que decía eso). A este último aludido examinador, el presidente del tribunal sólo le pidió que se calme, lo que no desmotivó al exaltado examinador para que también me dé una mala nota de calificación, con lo que se produjo una aprobación con postergación de juramento de abogado de 6 meses. Este trabajo ya estaba preñado con la influencia de mi acercamiento al movimiento troskista de Guillermo Lora (Partido Obrero Revolucionario -POR-).

¿Por qué el título de "delincuencia privilegiada"?

Porque los casos que se analizan en el capítulo III no pueden ser explicados por las corrientes criminológicas positivistas y neopositivistas. Tampoco entran en el perfil de los delitos de cuello blanco, principalmente porque no son regulados, dichos actos, por normativa administrativa que hace inviable su procesamiento penal. Al contrario, todos esos actos podían ser contenidos en los tipos penales existentes y concordantes con la legislación constitucional, pero gozaban de privilegios políticos y de allí que se insista en denominar o utilizar la categoría de "delincuencia privilegiada". Todo se hizo a plena luz pública. Inclusive, se firmaron contratos privados entre quienes ejercían el poder político y los privados beneficiarios, sin protocolo alguno. Los bonos de lealtad a los militares, para que no se presten a golpe de estado alguno, fueron documentos firmados por las partes.

Algo diferente sucedió en los otros temas expuestos como delincuencia privilegiada, como es el caso de la Granja de Espejos que, en el país, en dicha época, además existían otros similares (en Chimoré y Miguillas). Si bien existía una ley inconstitucional, pero ley al final, ni esta ley era debidamente aplicada, sino por voluntad discrecional de quienes dirigían y en complicidad de autoridades municipales y prefecturales que se hacían de la vista gorda ante el sistemático aniquilamiento bajo la aplicación de una "Ley de Fuga" inexistente.

Las disposiciones administrativas que facultaban a la policía del manejo de la vagancia (peligrosidad predelictual ante la inexistencia de bienes -patrimonio y vivienda-, trabajo decente entre otros), un resabio de la colonialidad y que la república mantenía, daba un aparente marco legal, ilegítimo ante la constitución y criminal en su accionar.

Tesis de licenciatura convertido en libro

Lo convertí en mi PRIMER libro el año 1985. Al año

siguiente inicié mi maestría en ciencias penales y criminológicas en la universidad del Zulia, Venezuela, en la meca de la criminología crítica latinoamericana, en el Instituto de Ciencias Penales y Criminológicas que Dirigía Lolita Aniyar de Castro, a quien había conocido en un curso auspiciado por el ILANUD, en San José de Costa Rica, el año 1984.

Retorno a la criminología: nuevamente me salva

Siendo una persona convencida de los ciclos de la vida, después de haber caminado en el activismo social y académico, haber ejercido la profesión pese a mi promesa de no hacerlo, haber estado en el mundo de la política y como tal parlamentario nacional y servidor público (en el nivel ejecutivo Departamental: secretario municipal de participación popular, secretario departamental de participación popular, secretario general de la prefectura y prefecto a.i.), después de haber participado activamente en el referéndum para que no se viole la CPE con la reelección indefinida, el año 2016 tomé la decisión de alejarme del mundo público y político y es así que el 2017, nuevamente la criminología me volvió a salvar o enrumbar; producto de ello fueron las investigaciones "Derrumbando murallas. Hacia un manejo comunitario de la penitenciaría", "UAGRM: voto calificado vs. voto igualitario", "De la belleza griega discriminatoria al criminal nato de Lombroso", "Discriminación por color de piel en nuestra indo-hispano-afro-américa: una aproximación" y el último libro intitulado "Discriminación. Lo que Michell Foucault no dijo sobre el "racismo".

El PODER siempre presente en las investigaciones

Considero que desde "Delincuencia privilegiada" hasta "Discriminación. Lo que Michel Foucault no dijo sobre el racismo", hay una variable que transversaliza a todas mis investigaciones y es la del PODER en nuestra indo-hispano-afro-américa, ya que siendo países en menor o mayor grado ESTADOS FALLIDOS, con institucionalidad débil y funcional al poder presidencialista de turno, se convierte en el mayor factor de generación criminógena y de inequidad profunda, que exige una revisión y reversión de todo aquel montaje caudillesco, antinomia de una cultura democrática, si en verdad existe. Es por ello que categorías y tipos delictivos como traición a la patria, atentados contra el estado, magnicidio, sedición, fuerzas armadas, policía, deben ser revisadas y muchas revertidas porque son los resabios de las etapas pre-republicanas (Luis XIV: el estado soy yo), que no guardan coherencia con el estado moderno donde la soberanía reside en la ciudadanía, disqué. Es el reto de la criminología desde nuestra realidad.

Y, por último, para retomar el cuestionamiento inicial. ¿Somos libres? ¿O, somos marionetas de nuestras circunstancias, de los valores comunes o del imaginario colectivo? Usted se responde.

Santa Cruz de la Sierra, octubre 9 del 2021.

Alejandro Colanzi Zeballos
El autor.

REFERENCIA DEL EDITOR

A la Primera Edición en 1985 del libro "Delincuencia Privilegiada"

Descartando las explicaciones de las Escuelas tradicionales de Criminología, Alejandro Colanzi Z. nos ofrece los planteamientos de la Nueva Criminología, que explican la criminalidad como producto de lo que se podría llamar ideologíadde la propiedad privada.

Principalmente, DELINCUENCIA PRIVILEGIADA plantea cómo la delincuencia y su castigo tienen una expresión de clase social. Esa hipótesis es acompañada de algunos datos y pruebas de delincuencia privilegiada de nuestro país, y de un cuestionamiento de la Administración de Justicia y Policía que se convierten solamente en instrumentos de represión y estigmatización de los miembros de la clase socio económicamente baja, que delinquen.

Como una prueba que refuerza la hipótesis, y además como aporte de la Criminología en nuestro medio el libro también presenta un estudio de la situación y accionar de la Granja de Rehabilitación de Espejos, que justamente demuestra la incapacidad de la clase dominante para rehabilitar a los que ella llama desviados.

EDITORIAL CABILDO

"El delincuente es el producto de la relación total de una serie de acciones, que tienen como función dentro de la estructura social, el mantener las relaciones sociales existentes, o sea un orden económico o social".

Viquez Jiménez A.
(La Prisión)

I. PROLOGO. -

1.1. Planteamiento del problema. –

Mucho se ha tratado de explicar sobre la criminalidad y la rehabilitación del criminal. Al explicar las causas del delito se han definido factores determinantes como ser: el medio ambiente (situación económica), analfabetismo, marginalidad; se afirma que el antisocial es menesteroso, pertenece a una "raza inferior" y puede reconocércelo por signos, tales como la medida del cráneo y otros igual de sencillos. Se los ha considerado, fuera de ser pobres, biológicamente inferiores. Surge en consecuencia, la criminología, como "ciencia" que viene a estudiar al delincuente quien es constitutiva y síquicamente inferior por razones ajenas a su voluntad. Al mismo tiempo que plantea como antídoto frente a estos factores que generan la criminalidad, la rehabilitación como tratamiento individualizado, mediante la enseñanza de un oficio, un proceso de socialización, un examen de conciencia, etc.

Lo anteriormente planteado nos lleva a afirmar una vez más que, al conocer el fenómeno del delito y el delincuente, su origen, desarrollo y consecuencias, se tiene mayores probabilidades para combatirlo y lograr su desaparición, o, por lo menos su control.

Pero al pasar el tiempo, se han conocido o salieron a la luz pública otro tipo de desviaciones sociales, conocidas o comprendidas dentro de la criminalidad económica como las estafas, giros de cheques sin fondo, evasión de impuestos, alteración de precios, defraudaciones al Estado; incluso a través del tan ejercitado abuso de poder, etc. Estos delitos son realizados por personas que no reúnen los caracteres determinantes de las Escuelas Tradicionales, (medio ambiente, alteración genética, etc.), puesto que provienen de estratos socioeconómicos medios o elevados y por las mismas características de los actos delictivos, son personas con inteligencia normal o superior, y sobre todo con una formación suficiente (técnica o universitaria;.

Entonces: ¿qué ha pasado con la explicación tradicional del crimen y su rehabilitación?; ¿será que un profesional pueda ser rehabilitado en un recinto carcelario?; ¿será que un empresario (profesional o no), cuando se vale de la influencia que tiene en un gobierno, al defraudar al Estado, lo hace por necesidad económica de subsistencia o por algunu deformación genética?.

1.2. Relevancia del Problema. Antecedentes y Justificación. - Nuestra Constitución Política del Estado en su artículo 6to. proclama:

> "Todo ser humano tiene personalidad y capacidad jurídicas, con arreglo a las leyes. Goza de los derechos, libertades y garantías reconocidas por esta Constitución^ sin distinción dé raza, serio, idioma, religión, opinión política o de otra índole, origen condición económica o social, u otra cualquiera.
>
> La dignidad y la libertad de la persona son Inviolables. Respetarlas y protegerlas es deber primordial del Estado".

Estos postulados ya fueron proclamados y aprobados como universales en la Asamblea General de las Naciones Unidas el 10 de diciembre de 1943, mediante la Declaración de los Derechos Universales del Hombre, la que proclama la igualdad del hombre en los artículos siguientes:

> Artículo 1.- "Todos los seres humanos nacen libres e iguales en dignidad y derechos y, dotados como están

de razón y conciencia, deben comportarse fraternalmente los unos con los otros".

Artículo 2.- "Toda persona tiene todos los derechos y libertades proclamadas en esta Declaración, sin distinción alguna de raza, color, sexo, idioma, religión, opinión política o de cualquier otra índole, origen nacional o social, posición económica, nacimiento o cualquier otra condición".

Artículo 7.- "Todos son iguales ante la ley y tienen, sin distinción, derecho a igual protección de la ley. Todos tienen derecho a igual protección contra toda discriminación que infrinja esta Declaración y contra toda provocación a tal discriminación".

Enunciados que se cuestionan (su grado de aplicación en nuestra sociedad), a través del presente trabajo. Y se cuestiona a partir de pronunciamientos emitidos por los medios de comunicación, sobre el problema del incremento de la delincuencia y la necesidad de represión y, es aquí donde se genera una gran preocupación: ¿por qué sólo se preocupan del incremento de la delincuencia, personas que pertenecen a niveles socieconómicos medios o elevados, y, tienen gran interés en que se repriman los delitos tipificados en nuestro ordenamiento jurídico-Penal como: "contra la propiedad privada" y, por "pura coincidencia" estos delincuentes pertenecen sólo al nivel socio-económico bajo?.

Es así que, a partir del análisis de lo que se llamaría: "La Criminología tradicional", se analizarán otros estudios realizados sobre los orígenes de la delincuencia; estudios que están en desacuerdo con las explicaciones sobre "desviaciones de la conducta con referencia a patología social o personal".

En nuestro país, en relación a estos estudios nuevos sobre Criminología, poco o nada se han difundido, por las consecuencias que pueden acarrear; como ser, el cuestionar el ordenamiento jurídico imperante, pues pondría en duda la misma estructura económico-social.

Otro gran inconveniente para realizar esta clase de investigación, son los datos sobre los crímenes y desviaciones (1), realizados por la influencia del poder político o del poder económico. Estos datos que se pueden tomar sólo a través de la literatura comprometida con la realidad de una clase social, la cual se encuentra en desventaja y, como excepción tenemos los datos que se pueden obtener en las Contralorías, producto de una etapa (de las pocas en las últimas décadas) de vigencia del derecho; los que se han reunido para "tratar de aplicar la ley". El término "desviación", antes citado, es explicado también bajo el nombre de "conducta antisocial" como "todo aquel comportamiento humano que va contra el bien común" (2), y el bien común, el Concilio Vaticano II lo explica como "el conjunto de condiciones de la vida social que hacen posible a las asociaciones y a cada uno de sus miembros, el logro más pleno y más fácil de la propia perfección", también Juan XXIII en sus dos encíclicas; "Pacem m Terris" (Paz en la tierra) (3) y, "Mater et Magistra" (Madre y Maestra) (4), lo define como "el conjunto de las condiciones sociales que permiten y favorecen en los seres humanos el desarrollo integral de su persona"; para otros el bien común "lo es en cuanto sirve a la generalidad de los hombros" (5).

Pero a pesar do Lodo, queremos contribuir con un granito de arena en la "tentativa de crear la clase de sociedad en la cual la diversidad de los hombres no quede sujeta al poder do criminalizar" (6).

Para ello se intentará explicar el Crimen y la Desviación, "como fenómeno social de una sociedad dada que comparte al igual que la mayoría de los países latinoamericanos, una relación de dependencia (interdependencia desventajosa *) y subdesarrollo, (modo de producción capitalista atrasado, desigual y combinado *), todo esto en un memento histórico en que las alternativas políticas se agotan y por ende se pone en juego el destino de nuestras sociedades . (7).

1.3. Hipótesis.- Lo que se tratará de demostrar a través del presente trabajo, son las hipótesis que tienen un carácter conceptual, por tratarse de un trabajo exploratorio, el cual sirve de guía.

1.3.1. Hipótesis. -

a) Las escuelas tradicionales de la Criminología han quedado obsoletas, por su gran limitación en la explicación del crimen.

b) Nuestro ordenamiento jurídico sólo proclama la igualdad del estante y habitante de nuestro país, pero no defiende su práctica.

c) La delincuencia es un problema estructural, y por lo tanto una de las consecuencias de la carrera impuesta al hombre, en busca de bienes materiales, para subsistir y acumular.

d) La delincuencia de "cuello blanco", dentro de los términos del presente trabajo, determina la acumulación de bienes materiales o poder económico, con el cual puedan obtener poder político administrativo, y pasar a ejercer un "control social" que les permita mantenerlos y reproducirlos.

1.4. Objetivos.- Al realizar la presente investigación, se persiguen los objetivos que a continuación se detallan:

a) Buscar el trasfondo político de las escuelas tradicionales de la Criminología.

b) Hacer un análisis de la criminalidad económica, en relación a la clase social a la que pertenecen y sus consecuencias.

c) Proponer pautas de acción futura.

1.5. Metodología.- El presente trabajo, por la limitación de antecedentes encontrados y otros factores, tiene un carácter exploratorio, por lo que se incluyen una serie de supuestos que cubren el mencionado nivel exploratorio.

1.5.1. Suposiciones.-

a) Dos clases y varios sectores sociales componen nuestra sociedad.

b) Los sectores y clase social económica y políticamente dominante, mantienen un control, tanto en la economía, como también en las instituciones del Estado, en la cultura, política e ideología.

c) En toda creación y aplicación de leyes y, en su trasfondo mismo se sitúan las relaciones de poder de los sectores y clase social dominante, sobre otra clase y sectores de nuestra sociedad.

d) "Delincuente" es una definición manejada por la clase y sectores dominantes, con el objeto de defender sus intereses y privilegios de clase.

e) El germen o génesis de la delincuencia, se encuentra a partir del origen de la propiedad privada, la que da inicio al enfrentamiento de la clase y sectores dominantes con el resto de la sociedad.

f) La delincuencia puede entenderse como un proceso de control social, mediante la creación y aplicación monopolista de normas y leyes, por parte de la clase y sectores dominantes sobre el resto de la sociedad.

g) Los beneficios que dan las estructuras de poder, por su posición en relación al poder económico que tienen, son la obtención de los más altos grados de inmunidad para la proclamación como delincuentes.

h) "No existen, en realidad, diferencias sustanciales entre delincuentes y no delincuentes, lo que existen son diferencias de clases". (8).

i) "Delincuentes, son los que son proclamados como tales por el Estado en sus órganos especializados, basados en la legislación y las normas establecidas por ios sectores sociales dominantes". (9).

j) La prisión es el principal instrumento con que cuenta el Estado (y la clase y sectores dominantes) para la represión y supuesta resocialización (tratamiento) de los delincuentes.

NOTAS

(1) Aquí se utilizará el concepto de "Crimen" englobando el "Delito", que se entiende como el rompimiento de las normas, juridico penales, y, "Desviación", como rompimento de normas no necesariamente penates.

(2) Rodríguez Manzanero, Luis, "Criminología", Ed. Porrúa S.A., México 1979, pág. 21.

(3) Juan XXUI, Pacera in Terris, en "Ocho Grandes Mensajes", Ed. B.A.C., *Madrid, 1974, 7ma Edicion, pag.227.*

(4) Juan XXIII, Mater et Magistra, en "Ocho Grandes Mensajes", op, cit. pag. 152.

(5) Rodríguez Manzanero, Luis, ob. cit. pág. 21.

(6) *Taylor*, Walton y Young. "Criminología Critica", Ed. Siglo XXI, México 1977, pag. 73.

(*) Observaclones y posiciones políticas del autor.

(7) Viquez Jimenez, Mario Alberto, "La Prisión, Posicion y íunción en la sociedad Costarrtcense", trabajo inédito, México 1982. Tesis de Maestría en Criminología. Pág. 6.

(8) Idem. pág. 44.

(9) Idem. pág. 44.

"La tarea que nos hemos impuesto, al igual que otros criminólogos, es la tentativa de crear la clase de sociedad en la cual la diversidad de los hombres no quede sujeta al poder de criminalizar".

Táylor, Walton Yoúng.
(Criminología Critica)

II- ESCUELAS TRADICIONALES DE LA CRIMINOLOGIA. -

II.1. Antecedentes.- En la Biblia ya se habla de violación de la Ley, cuando Dios emite la prohibición al hombre, (se refiere a Adán) de no comer la fruta de un determinado árbol: "más el fruto del árbol de la ciencia del bien y del mal no comas, porque en cualquier día que comieras de él, ciertamente morirás", (Génesis 1:17) (1). Y el hombre desobedece, come la fruta y es expulsado del Edén (Génesis 3:6;16 a 24). '

Esto viene a significar que la Criminología no ca-, rece de historia, a pesar de ser joven como ciencia órganizada e independiente, "pues la historia del mundo va muy unida a la historia del crimen". (2)

Para Freud es en el comunismo primitivo en. donde se origina el sistema penal humano, mediante el Tabú o temor sagrado, "que al ser violado tomaba venganza; después fueron los espíritus y dioses contrariados por las violaciones los que tomaron venganza, y. por último se hizo cargo del castigo al ofensor, la sociedad". (3). '

La criminología surge al tratar de dar respuestas a determinadas preguntas como: ¿por qué delinque el hombre?, ¿qué es en sí el fenómeno crimnal?, ¿por qué unos hombres son antisociales y otros no? (4).

A raíz de dichas preguntas se forman criterios qué explican el génesis de la criminalidad y plantean su tratamiento; respuestas que están cargadas de una clara tendencia. Estas tendencias aparecen a raíz de la especialidad que se profesa o la profesión que se tiene; desde luego, el nivel social, económico, la religión y más aún la formación política. Es a partir de las tendencias que se inyectan a las respuestas, donde surgen las escuelas, determinadas claramente.

José Sáinz Cantero, entiende por escuela "la dirección de pensamiento que tiene una determinada orientación, trabaja con un método peculiar, y responde a unos determinados presupuestos filosóficos penales". (5).

En el presente capítulo, se analizarán las diferentes direcciones de las escuelas criminológicas (clásica, positiva y ecléctica), orientando dicho análisis a la explicación del génesis de la criminalidad y a su respectiva solución o terapia.

II.2. Dirección Antropológica o Teoría Lombrosiana.- César Lombroso, el genio, establece una clasificación definitiva de los delincuentes, en su obra "L'Uomo" (El hombre), en su cuarta edición, la misma que queda estructurada de la manera siguiente:

1. — Delincuente Nato   (Atavismo)
2. — Delincuente Loco Moral (Morbo)
3. — Delincuente Epiléptico (Epilépsia)
4. — Delincuente Loco   (Alineado
                              Alcohólico
                              Histérico
                              Mattoide)
5. — Delincuente Ocasional   (Pseudo-criminales
                              Criminaloides
                              Habituales)
6. — Delincuente Pasional.

II.2.1. Delincuente Nato.- César Lombroso entre sus grandes cualidades contaba, (quizás la más acentuada), con un singular sentido de observación y a raíz de ello utiliza la inducción para llegar a las conclusiones que llegó, de este modo, comienza a observar el cráneo de un criminal famoso llamado Villella, quien había muerto a edad avanzada. El cráneo se encontraba bastante deteriorado, por lo que reunía ciertas características especiales.

Al hacer la observación del cráneo, César Lombroso encontró "una larga serie de anomalías atávicas, sobre todo una enorme foseta occipital media y una hipertrofia del verme, análoga a la que se encuentra en los vertebrados superiores". "A la vista de estas extrañas anomalías, así como cuando aparece una ancha llanura bajo un horizonte inflamado, el problema de la naturaleza y del origen del criminal me pareció resuelto: los caracteres del hombre primitivo y de los animales inferiores debían reproducirse en nuestros tiempos". (6).

A raíz de lo anterior nace la teoría del criminal nato, estableciendo que es un caso en que la evolución natural se detuvo, que el sujeto quedó en una etapa anterior del desarrollo humano.

Ese razonamiento se ve reforzado al encontrar un nuevo caso, el de un criminal que había descuartizado a varias mujeres, de las que bebió la sangre y se llevó trozos de carne; este criminal se llamaba Verzeni.

Para fortalecer aún más su posición, analiza a los salvajes, encontrando que éstos no tienen pudor, que fácilmente se prostituyen, viven en promiscuidad, son ladrones y homicidas, matan niños, viejos, mujeres y enfermos. Además de estos individuos, particularmente le llaman la atención los caníbales. Compara esas actitudes y halla similitud con las del delincuente nato.

También analiza a los niños, haciendo una teoría completa de ellos, destruyendo la idea de que son "blancas palomas", estableciendo que los mismos están en una etapa anterior de lo que es la normal evolución del hombre. Para Lombroso el niño y el criminal nato coinciden principalmente en:

    a) Cólera (furia)
    b) Venganza
    c) Celos
    d) Mentira
    e) Falta de sentido moral
    f) Escasa afectividad
    g) Crueldad
    h) Ocio y flojera
    i) Caló
    j) Vanidad
    k) Alcoholismo y juego
    l) Obscenidad
    m) Imitación.

En la época de Lombroso, se usaba el concepto de dégeneración. Partiendo de él, piensa que en un momento dé la gestación por motivo de algún trauma o enfermedad, el feto no ha podido evolucionar; o sea que, dentro dé la teoría atávica, esto vendría a ser una etapa intermedia entre el animal y el hombre.

Pensaba (Lombroso), que encontró el "eslabón perdido" de Darwin, ese ser que ha dejado de ser animal ya que piensa y razona, pero que todavía no es hombre, ya que para llegar a ser el "Homo Sapiens" modelo, le faltan las características morales y de civilización.

Las características antropológicas principales del Criminal Nato, establecidas por Lombroso, para fortalecer su teoría atávica son:

1. — Frente huidiza y baja
2. — Gran desarrollo de arcadas supraciliares
3. — Asimetrías craneales
4. — Altura anormal del cráneo
5. — Fusión del hueso Atlas con el Occipital
6. — Gran desarrollo de los pómulos
7. — Orejas en Asa
8. — Tubérculo de Darwin
9. — Gran pilosidad
10. — Braza superior a la estatura.

También señala las características sociales, sicológicas y biológicas del criminal nato:

1. — Gran frecuencia en el tatuaje (generalmente obscenos).
2. — Notable analgesia (insensibilidad al dolor)
3. — Mayor mancinismo (zurdería) que en la generalidad de la población.
4. — Insensibilidad afectiva (inmutación ante los dolores ajenos y propios, indiferencia a la muerte etc.)
5. — Frecuencia de suicidios.
6. — Inestabilidad afectiva.
7. — Vanidad en general y especial por el delito.
8. — Venganza, crueldad.
9. — Notables tendencias al vino, al juego, al sexo, a las orgías.
10. — Uso de lenguaje vulgar (caló).
11. — Gran religiosidad entre los criminales rurales y muy poca religiosidad entre los criminales urbanos (el ateísmo es raro en el

criminal nato, tiene una muy peculiar y particular actitud religiosa).
12. — Alto grado de reincidencia, por lo que es altamente peligroso. más aún por su tendencia a asociarse con otros para formar bandas v someterse a leyes de conducta muy estrictas como el silencio.

II.2.2 Delincuente Loco Moral.- Este tipo de delincuente es incorporado por Lombroso, a la clasificación de los delincuentes, en base al caso Sbro (se desconoce el nombre completo) un muchacho de 20 años que sin motivo alguno (aparente por supuesto), asesina a su hermano y envenena a su padre: su madre lo descubre cuando trataba de envenenarla, entonces lo recluye en un manicomio; allí fue estudiado. Se establecen entonces, ciertas características coincidentes con las de el "Delincuente nato". Esto hace ver a César Lomhroso de míe existe otro tino de delincuente similar a su criminal atávico. v es cuando comienza a estudiar a los enfermos mentales, llamados en esa época "Locos Morales".

César Lombroso llega definiendo a) loco moral, en base a los estudios de Krafft-Ebing y Schule, como: "Una especie de idiota moral, que no puede elevarse a comprender el sentimiento moral, o que por la educación lo tuviera. Esa especie se estacionó en la forma teórica, sin traducirse en práctica: son daltónicos, son ciegos morales, porque su retina síquica es o se transforma en anestésica. Y como falta en ellos la facultad de utilizar nociones de ética, de moral, los instintos latentes en el fondo de cada hombre toman en él ventaja. La noción de interés personal, por lo útil o lo deseado, deducidos de la lógica pura, pueden ser normales. Por la otra parte un frío egoísmo que reniega de lo bello, de lo bueno; con ausencia de amor filial; indiferente a la desgracia de los demás, al juicio de los demás, lo que conduce a una exageración del egoísmo. Este a su vez genera el impulso a la satisfacción, a los intereses personales, golpeando o pasando sobre los derechos de los demás. Cuando entran en colisión con la ley, entonces la indiferencia se transforma en odio, venganza, ferocidad, en la persecución de tener el derecho de hacer el mal". (7).

Lombroso señala las características del Loco Moral de la manera siguiente:

1. — Escasean en los manicomios y abundan en las cárceles y prostíbulos.
2. — El peso y robustez es igual o mayor de lo normal.
3. — El cráneo en capacidad es normal o superior, y por lo general no tiene diferencias con los normales.
4. — Algunos cráneos tienen caracteres comunes del hombre criminal.
5. — Otra característica similar al criminal nato es la analgesia. "La sensibilidad síquica-moral es, por lo tanto, una sublimación de la sensibilidad general". (8).
6. — La astucia en el loco moral está acentuada, por lo que no practican el tatuaje, ya que saben que es una distinción criminal.
7. — Lombroso basándose en Krafft-ebing, señala: "anomalías notables", en los instintos, siendo muy precoses sexualmente, precedidos y asociados de ferocidad sanguinaria.
8. — Tienden a ser solitarios, siendo incapaces de integrar una familia. Son vengativos, con causas leves, y más de las veces sin causa alguna.
9. — Algunas veces son altruistas, siendo ésta, una forma de desviación de los afectos.
10. — Excesiva vanidad, megalomanía, compartida con los criminales natos.
11. — Gran astucia y habilidad cuando realizan sus delitos y cuando los justifican.
12. — Son excitables, tienen carácter contradictorio, pueden cambiar de un momento a otro.
13. — En contraste con la exagerada actividad en las orgías y el mal, son perezosos en el trabajo. Actúan como si tuvieran derecho de hacer el mal, en forma abierta, contrario a la forma en que actúan otros delincuentes: premeditación, disimulo, ocultos, etc.
14. — Son artistas en la simulación de la locura.
15. — El Loco Moral como el delincuente nato, datan por lo general de la infancia o la pubertad: Sus tendencias inmorales son precoces, las que se acentúan gradualmente.

II.2.3. Delincuente Epiléptico.- Este tipo de delito es incorporado por Lombroso a su clasificación, debido a la observación de dos casos: el primero es sobre el Conde K. quien era hijo de una epiléptica, hijo único, caprichoso, irritable, bochinchero, quien golpeaba continuamente a su esposa. Este tipo de individuo atormenta a todo lo que está a su alcance, pero sí. en la esfera perceptiva y lógica continuaba en forma normal. El segundo es el caso del soldado napolitano Húmedo Misdea, quien con unas copas encima, y por las burlas de sus comnañeros, toma un rifle y comienza a disparar, matando a 7 e hiriendo a 13, después se enteró Lombroso que el muchacho era epiléptico.

Después de observar otros casos, llega a clasificar 2 tipos de epilépticos: el real y el larvado. El real es aquel que hace convulsionar, morderse la lengua, echar espuma por la boca, etc.; el larvado es aquel en que no hay ese tipo de ataque, pero "son incluso más peligrosos que los locos morales, con los que en sí tienen admirable analogía; si no es que. como opinamos desde hace algún tiempo, epilepsia v locura moral están conexionadas íntimamente desde el punto de vista de la patogénesis, pudiendo considerarse ambas como anomalías constitucionales del desarrollo de la personalidad". (9).

Las características principales que Lombroso señala en estos delincuentes son:

1. — Inclinación a vagar
2. — Amor a los animales
3. — Sonambulismo
4. — Obscenidad
5. — Precocidad sexual v alcohólica
6. — "Disvulnerabilidad"
7. — Destructividad
8. — Canibalismo.
9. — Vanidad
10. — Grafomanía
11. — Doble personalidad al escribir
12. — Frases o palabras especiales
13. — Tendencia al suicidio
14. — Afectos al tatuaje
15. — Tendencia a la asociación
16. — Facilidad para la simulación (locura o ataque epiléptico)
17. — Cambios de humor o intermitencia
18. — Amnesia
19. — Auras,

II.2.4. Delincuente Loco.- Lombroso toma en consideración como casos especiales, después de un estudio entre las formas de enfermedades mentales, tres tipos de delincuentes locos:

11.2.4.1. **Delincuente Alcohólico.-** Sus características principales son:
1. — Frecuencia de casos degenerativos adquiridos, raros congénitos.
2. — Gran indiferencia de su persona y de sus actos, o sea, apáticos cambiando a reacciones violentas en ciertas ocasiones.
3. — "La embriaguez aguda, aislada, da lugar, por sí sola, al delito, porque arma el brazo, enciende las pasiones. nubla la mente y la conciencia, y desarma el pudor, hace aue se cometan los delitos en una especie de automatismo, casi de sonambulismo, comúnmente también en contraste con su vida antetenor". (10).
4. — Tendencia al uxoricidio, al robo, al estupro, al suicidio, tiene un cinismo humorístico.

Lombroso observa un dato curioso: "Mientras en casi todos los reos, la cárcel empeora el mal. en éstos es un ver. dadero remedio, del cual muchos salen purificados de cuerpo y alma". (11).

11.2.4.2. **Delincuente Histérico.-** Con las características siguientes:
1. — Es más común en las mujeres, veinte veces más que en los varones.
2. — Herencia análoga a los epilépticos, con pocos caracteres degenerativos.
3. — La mitad de su inteligencia está intacta.
4. — Muy egoísta, les gusta el escándalo por la atención aue atrae.
5. — Son impresionables; por casi nada se vuelven coléricos. feroces, fáciles a simnatías v antipatías.
6. — Inclinados al falso testimonio y a las denuncias; voluntad inestable.
7. — Alta tendencia al erotismo.
8. — Delirios, alucinaciones, suicidios y fugas (para prostituirse).
9. — Inclinación al robo, difamación, homicidio y faltas a la moral.

II.2.4.3. Delincuente matoide. - Las características son:
1. — Poco se da entre las mujeres.
2. — Poco se da en la juventud.
3. — Se encuentran en las capitales y grandes urbes.
4. — Abundan en los países en que es impuesta una cultura extraña y con gran velocidad.
5. — Común entre burócratas, médicos y teólogos, pero no entre los militares.
6. — Muy pocas formas degenerativas.
7. — Son altruistas, alto sentido ético, muy ordenados, sobrios.
8. — Es compulsiva su forma de escribir; son inteligentes y laboriosos.
9. — Tendencia superlativa a la vanidad; son convencidos de sus méritos.
10. — Inventan teorías nuevas y extravagantes.
11. — Sus delitos son cometidos generalmente en público, son impulsivos.
12. — Persiguen o son perseguidos. Delirio persecutorio.
13. — Les encanta litigar.

Este tipo de delincuente es debido al estudio de un cocinero honesto llamado PASSANATE, que había derivado hacia ideas políticas extremistas, con una extraña mezcla de anarquista y pacifista; este sujeto trató de matar al rey Humberto I, quien hacía un paseo.

II.2.5. Delincuente Pasional.- Las características principales son las siguientes:
1. — Rareza entre los delitos de sangre.
2. — 20 a 30 años, es la edad promedio.
3. — Sexo: 36% de mujeres.
4. — Cráneo sin datos patológicos.
5. — "Belleza de la fisonomía, casi completa ausencia de caracteres que se notan tan frecuentemente en criminales y en los locos". (12).
6. — "A la belleza del cuerpo responde la honestidad del alma". (13).
7. — Afectividad exagerada.
8. — Anestesia sólo en el momento del delito.
9. — Conmoción después del delito.
10. — Suicidio o tentativa, después del delito.
11. — No ocultan su delito, lo confiesan.
12. — Dan el máximo de enmienda.
13. — Móvil inmediato y "noble".

II.2.6. Delincuente ocasional. - Lombroso los divide en pseudo-criminales, criminaloides y habituales.

II.2.6.1. Pseudo-criminales.- Se constituyen en los subgrupos siguientes:

1. — Los que cometen delitos involuntarios.
2. — Los que cometen delitos sin que exista perversidad en el acto y que no cause daño social (pura necesidad).
3. — Los que, por defensa del honor, de la persona, de la subsistencia, familia,, etc., hurtan, incendian, provocan heridas, duelos, etc.
4. — Los delitos de falsedad.

II.2.6.2. Criminaloide. - Se caracterizan por lo siguiente:

1. — La ocasión los lleva al delito.
2. — En los países "civilizados" se tiene poco horror por los delitos, esto con la sobrevaloración que se le da al malandrín o mañoso, y por imitar ciertos actos delincuenciales, que lleva a cometer delitos.
3. — Cuando son recluidos en los recintos carcelarios, tienden a asociarse con otros delincuentes y esto los empeora.
4. — También están comprendidos aquellos que no les interesa mucho la vida, o que son poco hábiles, por lo que se dejan aprehender por los "engranajes" de la Ley.

Una característica en la mayoría de estos sujetos es el altruismo exagerado.

II.2.6.3. Delincuente habitual. -

1. — Les ha faltado la educación de la escuela, la familia, etc.; esta educación es suplantada por una educación criminógena, llegando a ser delincuente profesional.
2. — Su gran peligrosidad reside en que el tipo de delitos cometidos, son en contra de la propiedad.
3. — Principian por ser delincuentes ocasionales, generalmente en la infancia, a esto se le suma la ignorancia, la miseria, o su paso por la prisión, llegando a ser verdaderos profesionales de la delincuencia.

II.2.7. La mujer delincuente.- César Lombroso se preocupó especialmente de la mujer, escribiendo un libro, en colaboración con Ferrero, titulado: "La donna delinquente", (La mujer delincuente) el cual sigue el mismo esquema de "L'Homo delinquente" (El hombre delincuente), con muy pocas variantes.

Lo más importante en Su teoría sobre la prostitución como "equivalencia del crimen". "Se piensa que, mientras el hombre para satisfacer sus impulsos que no puede realizar legítimamente tiene que recurrir al crimen; la mujer tiene una segunda salida que es la prostitución, la cual implica menos riesgos y puede dar ganancias mucho mayores que las obtenidas en actividades francamente criminales". (14).

La frigidez y el atavismo son las causas que llevan a la prostitución de la mujer, sumándose a esas causas, tenemos la ociosidad, locura moral, codicia, poca inclinación al trabajo, etc.

La prostituta para Lombroso tiene mayor atavismo, deformaciones y morbosidad que la ladrona.

II.3. Dirección Biológica. -
II.3.1. La endocrinología.- Existen dos tipos de glándulas: las exócrinas (o de secreción externa por medio de un canal secretor, siendo salivales, gástricas, sudoríparas lagrimales) y las endócrinas o de la secreción interna, segregando hormonas diréctamente al torrente sanguíneo.

Depende de la estimulación de la glándula para que sea hiper (más) o hipo (menos) o si es incosntante (dis).

Las glándulas que tienen influencia en la criminalidad, son las endócrinas o de secreción interna, siendo las siguientes:

1. — **La hipófisis.** - Glándula pituitaria, situada en la base del cerebro, es el centro de control glandular; tiene un tamaño muy pequeño y pesa medio gramo; segrega 40 hormonas, las que dirigen a las demás glándulas endócrinas.
2. — **Las Suprarrenales.** - Se sitúan cada una sobre un riñón; segrega dos hormonas (adrenalina y noradrenalina) que actúan sobre el sistema nervioso, estimulando la acción rápida en situaciones de emergencia. Intervienen en todos los casos de crimen emocional, cuando se presenta el odio, miedo, ira.
3. — **La Tiroides.** - Segrega un acelerador biológico llamado tiroxina; se encuentra delante de la tráquea.
4. — **La Paratiroides.**- Segrega paratiroxina, siendo 4 glándulas con función opuesta a la tiroides; se encuentra atrás de la tiroides.
5. — **Los Ovarios.**- Glándulas femeninas, producen los óvulos, segregando foliculina y progesterona; regu-

lan la menstruación y producen los "caracteres sexuales secundarios".
6. — Los Testículos.- Glándulas sexuales masculinas, producen espermatozoides y segregan testosterona.

II.3.1.1 Endocrinología y criminalidad.- El estudio de las glándulas de secreción interna, afirmaba Pende (14), puede explicar "en parte el cómo y no el porqué del crimen".

Sobre lo anterior, el italiano DI TULIO decía: "Es necesario tener presente, a este respecto, la importancia de las glándulas de secreción externa, y especialmente de las de secreción interna, en el desarrollo del temperamento y del mismo carácter individual. Por esa razón hace tiempo que se trata de conocer cada vez mejor la influencia que las disfunciones hormómcas y neurovegetacivas pueden tener en la génesis y dinámica de los delitos contra las personas; contra las buenas costumbres y hasta contra la propiedad. Es necesario, sin embargo, indagar también en este campo, cada vez con mayor rigor científico, para evitar conclusiones precipitadas y dañosas generalizaciones". (15).

Así mismo, afirmó Di Tulio, "partiendo de la premisa de que, pudiendo las funciones de las glándulas de secreción interna, y especialmente sus disfunciones, influir en el temperamento y en el carácter individual, en algunos casos, tales funciones y disfunciones hormónicas pueden influir también sobre el desarrollo de la criminalidad". (16).

II.3.2. La Biotipología. -

II.3.2.1. Escuela francesa.- Claudio Sigaud divide a los hombres, según su forma exterior, en cuatro tipos, siendo los siguientes (17).

1. — Cerebral.- Figura frágil y delicada, de frente grande y extremidades cortas.
2. — Muscular.- Desarrollo armónico de esqueleto y de músculos así como de los tres pisos faciales.
3. — Respiratorio.- Tórax, cuello y nariz largos, senos de la cara desarrollados, sensibles a olores y aire viciado.
4. — Digestivo.- Maxilar inferior y boca grande, ojos chicos y cuello corto, tórax ancho y abdómen desarrollado; obesos.

II.3.2.2. Escuela Alemana.- Ernest Kretschmer hace una primera clasificación, reconociendo cinco tipos: Leptosoma, Atlético, Pícnico, Displástico y mixto.

1. **— Tipo Leptosoma.-** Cuerpo largo, delgado, cabeza pequeña, nariz puntiaguda, poca grasa, cuello alargado. Se lo denomina asténico. Su representación es una línea vertical.
2. **— Tipo Pícnico.-** Cavidades viscerales desarrolladas, gran abdómen, tendencia a la obesidad y flacidez, cabeza ancha, redonda y pesada, extremidades cortas.
   Su representación es circular.
3. **— Tipo Atlético.-** Coincidiendo con una pirámide invertida, tiene desarrollado el esqueleto, los músculos y epidermis, teniendo el tórax y la cabeza grandes.
4. **— Tipo Displástico.-** Se trata de sujetos que generalmente carecen de armonía, teniendo características' exageradas. Se subdividen en: gigantismo, obesidad e infantilismo eunocoide.
5. **— Tipo Mixto.-** Provienen de combinaciones hereditarias de los otros tipos.

Kretschmer lanza otra clasificación: Esquizotímico, Ciclotímico y Viscoso. Esta clasificación, si bien se apoya en el aspecto biológico, es más sobre el comportamiento y características psicológicas.

Para Krestchmer los atléticos y los leptosomáticos son los más inclinados a la criminalidad.

II.3.2.3. Escuela Italiana.- Jacinto Viola clasifica **de la** manera siguiente:

1. **— Tipo Brevilíneo.-** Representan la vida vegetativa; son alegres, enérgicos y llenos de vitalidad; el tronco tiene gran desarrollo y no así las extremidades.
2. **— Tipo longilíneo.-** Representan la vida de relación (muscular y nervioso); de inteligencia viva, pero fácilmente se cansan o tienen tendencia a la depresión, a la introversión y fantasía; son altos, el abdómen es plano, el tórax es alargado y los miembros son largos.

Nicola Pende introduce en su clasificación los factores endocrinológicos, teniendo así los tipos siguientes:

1.— Longilíneo asténico.- Son hiposuprarrenálicos, con lentitud en sus reacciones, débil, delgado, poco desarrollo muscular.

1. — Longilíneo esténico.- Suprarrenales en hiperfunción, también predominan las tiroides, gran velocidad en reaccionar, fuerte, delgado, musculado.
2. — Brevilíneo asténico.- Son hipopituitarios e hipotiroideos, gordos, débiles.
3. — Brevilíneo esténico.- Tienen hipersuprarrenalismo e hipotiroidismo, fuertes, macizos, musculados, poco tamaño.

II.3.2.4. Escuela Norteamericana.- Williams Sheldon y S.S.- Stevens establecen la escala con características físicas siguientes:
1. — Endomorfo.- Estructuras somáticas débiles, visceras digestivas desarrolladas y pesadas, gordura.
2. — Mesomorfo.- Alto peso, duro, fuerte y resistente, su estructura somática (músculos, huesos y tejidos) desarrollados.
3. — Ectomorfo.- Frágil, lineal, corto y delicado el tórax; músculos débiles y pocos, extremidades delgadas y largas.

En la anterior clasificación deduce los temperamentos siguientes:
1. — Viscerotónico.- Es endomorfo, extrovertido, blando, hogareño, dormilón, satisfecho, tolerante, amable, cortés, sociable, glotón, cómodo, lento.
2. — Somatotónico.- Es mesomorfo, estrepitoso, inestable, inescrupuloso, agresivo, valiente, osado, ambicioso, atlético, enérgico, aventurero y firme.
3. — Cerebrotónico.- Es extomorfo, hipersensible, juvenil, solitario, rígido, introvertido, rápido, aprensivo, asocial, controlado, desordenado.

Entre los delincuentes se encuentra muchos mesomorfos.

II.3.3. Dirección Genética.-

II.3.3.1. Las familias criminales.- "Pensando en la herencia criminal, varios investigadores (Geill, Lund, Dugdale, Despino, Maxwell, Gorin, etc.) orientaron sus esfuerzos al estudio de familiares criminales, realizando una verdadera genealogía criminal, encontrando concordancias notables, y demostrando que existen familias célebres en las que la mayoría (por no decir la totalidad) de los componentes son criminales". (18).

La familia Juke fue seguida durante 200 años por Dugdale, estableciendo que el fundador de esta familia era un mal viviente alcohólico, quien llegó a tener 709 descendientes, distribuidos de la manera siguiente: 77 delincuentes, 142 vagos y 202 prostitutas. Estudios posteriores realizados por Estabrcok, ampliaron la descendencia, localizando 3.000 descendientes, distribuidos de la manera siguiente: la mitad, deficientes mentales y un tercio de vagos, prostitutas, mendigos y delincuentes. El número de delincuentes va descendiendo con el pasar del tiempo, según lo hace notar Hurwitz.

Existen otros estudios sobre varias familias, como por ejemplo sobre las familias ZERO, VICTORIA, MARCUS, KALLIKAD, etc.

II.3.3.2.El estudio de los gemelos.- En base a observaciones sobre conducta de los gemelos, se notaba que cuando un gemelo cometía un delito, existía gran probabilidad de que el otro también lo hiciera.

"En 1929 el médico alemán Hohannis Lange publicó un trabajo sobre gemelos en Criminología, estudiando 30 pares de los mismos, entre los cuales, uno por lo menos había sido condenado en las cárceles de Baviera. En estos pares de gemelos trece eran monocigóticos y diecisiete dicigóticos; entre los trece primeros, el segundo gemelo fue condenado en diez casos; entre los diecisiete dicigóticos solamente se encontraron dos condenados en el segundo gemelo". (19).

Lange logra que muchos se lancen a confirmar su descubrimiento.

II.3.3.3.Estudios de adopción.- "Otra técnica utilizada para averiguar las influencias genéticas frente al medio ambiente, es la de estudiar criminales y no criminales adoptados y su relación con los padres biológicos y adoptivos según sean criminales o no". (20).

Estudios realizados por Ludwig Kutter, establecen que la delincuencia es hereditaria, ya que los hijos de criminales adoptados por matrimonios no criminales, delinquen con mayor frecuencia; así como los hijos de padres biológicos no criminales, adoptados por padres criminales y educados junto a los hijos biológicos de estos padres criminales, los que delinquen con mayor frecuencia son los hijos biológicos y no los adoptivos.

II.3.3.4.Aberraciones cromosomáticas.- Esta corriente sostiene que la criminalidad se debe a las "malformaciones cromosomáticas" por exceso o por defecto. "Cada célula contiene en su núcleo un número fijo de cromosomas y cada uno de éstos está compuesto de unidades hereditarias llamadas genés, y, están constituidos de moléculas de ADN (Acido Desoxirribo Nucléico).

Los genes que componen cada cromosoma son miles de unidades, las cuales pueden realizar 15 millones de composiciones posibles, en los genes, que se combinan como cartas de baraja, están los planos de la construcción del nuevo individuo, su sexo, el color de los ojos, del pelo, el grupo sanguíneo, el factor R.H., y quizás su predisposición a delinquir". (21).

El exceso o defecto de cromosomas origina una predisposición a los cambios o trastornos de la conducta, ya que el sujeto es muy sensible ante estímulos criminógenos ambientales.

II.4. Dirección sociológica. -
II.4.1. Escuelas Cartográficas o estadísticas.-
II.4.1.1. Lambert Adolphe Quetelet.-
A las conclusiones a que llega, después de estudiar el fenómeno criminal como fenómeno colectivo, son las siguientes:

1. — El delito es un fenómeno social, producido por hechos sociales que son detectables y determinables estadísticamente, así: "La sociedad lleva en sí, en cierto sentido, el germen de todos los delitos que vendrán cometidos, junto a los elementos que facilitarán su desarrollo".
2. — Con precisión y regularidad, los delitos se cometen año tras año; repitiéndose no sólo en el número de delitos, sino también en el tipo. Por esto es que se puede calcular con anticipación.
3. — Existen varios factores que participan en la comisión de determinados delitos, siendo ellos: el analfabetismo, la pobreza, la situación geográfica, el clima, etc.

Cuando confirma los tres puntos anteriores, Quelet enuncia sus leyes, siendo las principales las siguientes:

1. — Que en invierno se cometen mayor número de delitos contra la propiedad, que en verano. Esto debido a lo difícil de la vida en invierno.
2. — Verano es la época en que se cometen los delitos contra las personas, ya que las pasiones humanas se ven excitadas por el calor.
3. — Los delitos sexuales se presentan en primavera, interviniendo como factor principal la moda, por la ropa más ligera.

Quetelet, establece una escala de delitos que se funda en la edad; así "La propensión criminosa se manifiesta en la primera infancia y en la infancia, por los pequeños hurtos domésticos, y más tarde, al impulso de las pasiones, aparecen los delitos sexuales; al cumplirse los veinte años, cuando la fuerza física ha completado su desarrollo, pasiones y vicios llevan a delitos violentos, tales como el homicidio. Posteriormente, la madurez del juicio influye transformando los delitos violentos en delitos de astucia y son entonces los abusos de confianza y los fraudes, que aprovechan la candidez ajena; al llegar después la decadencia física, con la vejez, la codicia domina entre todas las pasiones, aunque no agotadas ellas del todo, y se recae en los abusos deshonestos con personas menores de edad, como última manifestación de la fuerza sexual". (22)

II.4.1.2.André Guerry.- El nombre de la escuela "cartográfica", se debe a que Guerry utiliza mapas de criminalidad (de Europa) distinguiendo la calidad y cantidad de los delitos, mediante colores.

Entre las proposiciones de importancia particular, tenemos las siguientes:

1. — La sociedad no se puede regular con leyes que se basan en posiciones o teorías metafísicas, y en la búsqueda de un tipo ideal que responda a la idea de una justicia absoluta.
2. — "Las leyes no son hechos para los hombres considerados en abstracto, para la humanidad en general, siendo para hombres reales, colocados en condiciones particulares y bien determinadas".
3. — Año con año se repiten los delitos, con una sorprendente regularidad.
4. — El desorden de la vida privada es de donde provienen los delitos contra las personas, y, no de la miseria.
5. — No hay coincidencia directa y absoluta entre ignorancia y delito, debe destinguirse educación de instrucción.
6. — Lo que busca la estadística moral es descubrir lo que es, y, no lo que debería ser.
7. — La constancia en las cifras de la criminalidad y de sus motivos no excluye la libertad de los individuos que componen la masa.
8. — Las estadísticas se refieren a una dada categoría de individuos tomados como masa, y no a los sujetos

componentes de la categoría, considerados singularmente, por lo tanto, es imposible predecir cuál será el comportamiento futuro de un individuo en particular, en determinadas circunstancias.

II.4.2. Escuela Antroposocial.-

II.4.2.1. Alejandro Lacassagne.- La escuela francesa, de la cual Lacassagne fue el jefe, se caracterizó principalmente por su ascendencia que tuvo en ella Luis Pasteur, notándose en sus posiciones, así por ejemplo sostenía que "el criminal es un microbio", y como tal en un estado o medio sano, es completamente inofensivo, pero si se lo pone al microbio en un campo de cultivo adecuado, se reproduce, convirtiéndose en un terrible virulento.

Existen normas, reglas, conceptos emitidos por la escuela francesa, como por ejemplo la frase de Lacassagne: "Las sociedades tienen criminales que se merecen". Así también otra frase del mismo autor: "a mayor desorganización social, mayor criminalidad".

II.4.2.2. Paul Aubry.- Con la influencia de Pasteur, Aubry desarrolla la imagen bacteriana cuando observa en una familia, que es atacada por una epidemia, que algunos de sus miembros mueren, que otros enferman y otros quedan intactos, a pesar de que estuvieron en contacto con los enfermos. Entonces surge el ¿por qué?, respondiéndose: "Es que en ellos el elemento virulento no ha encontrado terreno preparado para desarrollarse y germinar; en los otros, por el contrario, el terreno de cultivo era de los más favorables, los gérmenes se han multiplicado y producido desórdenes más o menos graves. Cuando se trata de un contagio moral, del contagio del delito, ¿pasarán las cosas de otro modo? No, indudablemente. Encontraremos el mismo proceso, con la única diferencia de aue sólo podremos analizar los elementos nocivos, en vez de examinarlos con el microscopio o cultivarlos en gelatina". (23).

La herencia, el desequilibrio nervioso, las deformaciones anatómicas, etc., serían los factores predisponentes; la educación, la familia, la presión, las malas lecturas, ejecuciones públicas, etc., serían los agentes que trasmiten el contagio.

II.4.3. Enrico Ferri.-

II.4.3.1. Clasificación de los delincuentes.- La clasificación hecha por Ferri, tuvo tal trascendencia que fue tomada o adoptada por la Escuela Positiva. En ella se considera las especies de delincuentes siguientes:

1. — Delincuente nato.- La razón de su conducta delictiva, es la carga congénita y orgánica.
2. — Delincuente loco alienado.- El origen de su conducta delictiva es la anomalía síquica.
3. — Delincuente habitual.- Teniendo una base orgánica, el motivo de su actitud criminógena es adquirida, ya que "no se adquieren hábitos que no estén conforme al propio ser".
4. — Delincuente ocasional.- Siendo su base orgánica muy pequeña, es el medio el que lo arrastra a delinquir.
5. — Delincuente pasional.- Tiene una facilidad tremenda para alterarse y explotar sentimentalmente, es una variedad del delincuente ocasional.

II.4.3.2. Factores que influyen en la delincuencia.- "Las acciones humanas, honestas o deshonestas, sociales o antisociales, son siempre el producto de su organismo físico-síquico, y de la atmósfera física y social que lo envuelve, yo he distinguido los factores antropológicos o individuales del crimen, los factores físicos y los factores sociales". (24).

a) Entre los factores antropológicos tenemos: parte somática (constitución orgánica); constitución síquica; caracteres personales (edad, sexo, raza, estado civil, etc.)
b) Entre los factores físicos o telúricos se cuenta con: las estaciones, la temperatura, el clima, el suelo, la agricultura, etc.
c) Dentro de los factores sociales se encuentran: la moral, la religión, la densidad demográfica, la opinión pública, la familia, la educación, el alcaholismo, la justicia, la policía, etc.

II.4.3.3. La ley de Saturación Criminal.- "Se ha demostrado que la criminalidad aumenta en su conjunto,
con las oscilaciones anuales más o menos graves, oúe se acumulan en una serie de verdaderas endas criminales. Es ñor lo tanto evidente que el nivel de la criminalidad está determinado, cada año, por las diferentes condiciones del medio físico y social combinados con las tendencias hereditarias y los impulsos ocasionales de los individuos, siguiendo una ley que, por analogía con las de la química yo he llamado de saturación criminal". (25),

Ferri considera que en un medio social determinado, con condiciones propias tanto físicas como individuales, se cometerán un número exacto de delitos.

II.4.3.4. Substitutivos penales.- El resumen de la idea de los substitutivos penales se agrupa en lo siguiente: "que el legislador, observando los orígenes, las condiciones, los efectos de la actividad individual y colectiva, llegue a conocer las leyes sicológicas y sociológicas. Con las cuales, él podrá controlar una parte de los factores del crimen, sobre todo los factores sociales, e influir indirecta pero seguramente sobre el movimiento de la criminalidad". (26).

Los substitutivos están divididos en los grupos siguientes:

1. — De orden económico.- Para evitar los delitos que se producen por injusticia social, se debe crear un seguro social para los accidentes de trabajo, estructurar cooperativas, hacer desaparecer los barrios marginales, facilitar los transportes, otorgar créditos populares y agrarios, fabricación de casas baratas para los obreros, gravar la fabricación y venta del alcohol: para evitar la falsificación del papel moneda se debe substituir por moneda metálica, impuestos a los productos suntuarios, disminución de las tarifas aduaneras para evitar el contrabando.

2. — De orden político.- Las reformas políticas y parlamentarias, la reforma electoral, la inclusión del referendum, la descentralización administrativa: todo lo anterior debe basarse en la más absoluta libertad cíe opinión y el respeto a los derechos sociales o individuales. y, así se evitarán los crímenes políticos, conspiraciones, rebeliones y guerra civil.

3. — De orden científico.- "El progreso científico, que ocasiona nuevos medios de criminalidad, debe proveer también, tarde o temprano, el antídoto para evitarlos y que será más efectivo que la represión penal".

4. — De orden legislativo y administrativo.- Es necesaria la simplificación legislativa, ya aue la abundancia de códigos, leyes, decretos, reglamentos etc., facilita los malentendidos, los errores, las contravenciones y los delitos; también es necesario reglamentar el defensor de oficio, el socorrer a las víctimas de los delitos, el notariado, el registro civil, los centros

de madres solteras, los orfanatorios, los patronatos para reos liberados, etc.

5.— De orden religioso.- "Una religión corrompida puede favorecer la criminalidad, así como una religión que vea por el bien de todos, y no, el de una casta; podría impedir cantidad de crímenes".

Para evitar las riñas y desórdenes se deben prohibir las procesiones; para evitar la vagancia y mendicidad se deben suprimir los conventos; para evitar los robos se debe disminuir el lujo de las iglesias; para evitar las orgías y el estupro se deben abolir las peregrinaciones, para evitar los delitos sexuales se debe permitir el matrimonio en los ministros y sacerdotes, etc.

6.— De orden familiar.- Se debe reglamentar la prostitución, dar preferencia a los casados para la admisión de trabajos; hacer obligatorio el matrimonio civil y prohibírselo a los tarados. También debe reglamentarse el divorcio y así evitar los adulterios, homicidios, bigamia, infanticidios, etc.

7.— De orden educativo.- El analfabetismo es factor criminógeno, razón por la cual se debe alfabetizar. Ya se hace algo, aunque no es suficiente, ya que se necesita "menos de arqueología y más de conocimientos útiles para la vida".

Los espectáculos atroces se deben prohibir, como también las publicaciones deshonestas, proteger la infancia abandonada, suprimir las casas de juego.

II.4.4. Gabriel Tarde.-

II.4.4.1. Causas de la criminalidad y solución.-

Los factores a los que Tarde atribuye el aumento de la criminalidad en el mundo, son los siguientes:

a) El desconocimiento a la moral tradicional, cuya base (de la moral) es el sistema ético del cristianismo.
b) Las clases media y baja al desorrollarse, también desarrollan el deseo por la superación social lo que motiva la demanda de comodidades y lujo.
c) La gran demanda de empleos frente a una reducida oferta, debido al éxodo del campo a la ciudad.
d) "Formación de subculturas desviadas, con debilitamiento de la moral".
e) "Las clases superiores se convierten cada vez menos seguras en sí mismas, como un modelo para la conducta social hacia las clases Inferiores", (27),

"La principal solución puesta al problema general, es, principalmente, la reunificación de la familia y el fortalecimiento de los lazos de unión familiar; de aquí se partirá hasta llegar a fortificar los lazos de unión entre las naciones". (28).

II.5. Dirección Psicológica.-

II.5.1. Sigmund Freud.- Freud afirma que en el cuerpo humano existen "zonas erógenas", siendo estas las siguientes:

1. — Oral.- Primer centro de placer e interés en el bebé. Cuando chupan y maman, el estado de satisfacción posterior, Freud lo compara con el relajamiento después del orgasmo. Durante esta etapa, que dura el primer año de vida, el niño lleva todo lo que agarra a la boca.

2. — Anal.- Al tener control de sus esfínteres, el niño se abstiene de defecar a cada momento, para lograr un mayor placer, por lo que su zona erógena pasa a ser el recto, comunmente llamado "ano".

3. — Genital.- Esta es la etapa donde el complejo de Edipo es más claro: la zona de interés es el pene en el varón y el clítoris en la mujer; el interés sexual es auto-erótico, al principio, desembocando posteriormente hacia los padres.

4. — Latencia.- La situación no es nada clara, ya que todo queda como adormecido. La razón de este adormecimiento es el gran temor a la castración por parte del padre, por desear a la madre; y por otro lado, el temor de la muerte del padre, por los deseos inconscientes del niño. La niña llega más tarde a esta etapa.

5. — Genital.- En la adolescencia, el interés por los órganos sexuales vuelve a cobrar fuerza, buscándose la copulación genital.

El complejo de castración lo pierde el hombre al encontrar pareja, y la mujer al descubrir el placer vaginal.

Sigmund Freud aduce la criminalidad a la no evolución en las etapas enunciadas anteriormente, y es así que se puede explicar sicoanalíticamente algunos delitos y conductas desviadas. Por ejemplo: cuando se queda "fijado" en la etapa oral, su desviación será el alcoholismo, tabaquismo, los delitos de calumnias o difamación (el centro de placer es la boca).

Cuando se estancó ó quedó "fijado" en la etapa o fase anal, tenemos un delincuente contra la propiedad, ya que como se retiene el excremento y el defecar, así también el sujeto siente placer al tener o retener bienes materiales (usurero, defraudador, ladrón), así también lo gasta fácilmente aquello que obtiene o retiene.

Los que quedan en la etapa de latencia "pueden ser los que comentan delitos sexuales del tipo violación, estupro y el tan temido incesto, y que no utilizan el pene para su función reproductiva, sino simplemente placentera". (29).

En resumen, Fretid afirma de "que los crímenes tienen una explicación y una motivación profundas (síquica)...". (30).

II.5.2. Alcxander y Staub.- El médico sicoanalista y jurista, respectivamente, al tratar de explicar porqué unos son delincuentes y otros no, afirma que: "La única diferencia que hay entre el delincuente y el hombre normal consiste en que éste domina parcialmente sus instintos motores criminales; pero los desvía hacia otros fines socialmente inocuos, adquiriéndose este dominio y esta desviación permanente de las tendencias primitivamente antisociales en el transcurso de la educación del individuo, por tanto, la diferencia entre el delincuente y el hombre normal representa, generalmente, no una falta congénita, sino un defecto de la educación, prescindiendo de casos límites que requieren un estudio particular". (31).

Estos autores clasifican a los criminales de la siguiente manera:

a) **El criminal neurótico.-** Durante la infancia o su vida posterior tiene una influencia similar a la siconeurosis, lo que le crea un conflicto síquico entre las partes sociales y asociales de su personalidad y como escape se traduce en la enemistad social.

b) **El criminal moral.-** Por la educación recibida se identifica con sus modelos criminales; su estructura anímica es similar al hombre normal.

c) "Además de estos dos grupos, condicionados sicológicamente, otro condicionado orgánicamente: el de los criminales a causa de procesos patológicos orgánicos". (32).

Los autores citados, se pronuncian sobre el aspecto penológico, para su clasificación de criminales, expresando que "nos atrevemos a proponer para estos casos una solución nueva y sencilla a saber: la abolición de toda medida expiatoria y su sometimiento a un tratamiento educativo basado en el sicoanálisis". (33).

Para los otros dos grupos de criminales, afirman los autores, que se debe mantener la pena, ya que es "expiación y retribución", como consecuencia desagradable de su acto.

II.6. Dirección Clínica.- "La criminología Clínica tiene por objeto, por analogía con la Clínica Médica, formular una opinión sobre un delincuente, conteniendo esta opinión un diagnóstico, un pronóstico, y eventualmente un tratamiento". (34).

La Criminología Clínica "pretende aplicar los conocimientos teóricos adquiridos en la Criminología General, a un caso concreto.

Actúa, por así decirlo, dando un corte vertical a todas las disciplinas de la Criminología General, para aplicar todos los conocimientos de las mismas a un individuo". (35).

Por lo anterior, se puede definir a la Criminología Clínica como "La ciencia que estudia al delincuente concreto en enfoque multidisciplinario, mediante un trabajo en equipo criminológico y en orden a su resocialización". (36).

II.7. Algunas consideraciones. - Las diferentes corrientes criminológicas que ampliamente han sido expuestas en las páginas anteriores, han sido agrupadas en lo que se conoce como Criminología Ortodoxa o Tradicional.

La Criminología Ortodoxa se interesó largamente por lo que se ha dado en llamar la etiología del comportamiento. En consecuencia ha considerado al propio comportamiento humano y a su autor como los únicos objetos de su estudio. Se analizan los factores que influyen para que una persona cometa un hecho delictivo. Se interesa exclusivamente en el delincuente y el acto delictivo, para ello hace uso de estudios individuales y también sociológicos, pero estos últimos siempre encaminados a dilucidar factores influyentes en la comisión del hecho delictivo.

Por otro lado, hemos podido observar claramente que los resultados de sus análisis e investigaciones los consiguen trabajando fundamentalmente sobre reclusos, utilizando como laboratorio artificial a la prisión y en la que existe una confluencia de especialistas (médicos, siquíatras, sicólogos, trabajadores sociales, educadores, abogados, etc.).

Todas ellas parten de la existencia de las normas penales como algo dado, que no se discute, reiteramos, sólo se dedican a estudiar la etiología de la delincuencia y su autor.

Estas direcciones criminológicas están notablemente influenciadas por el positivismo Criminológico a la raheza de César Lombroso y su teoría, donde el racismo juega un papel preponderante al considerar al delincuente constitucional y síquicamente inferior. Es así que Lombroso, al describir las características de los di-1 eren les tipos de criminales, no hace otra cosa que crimiuall/ar al leo, al pobre, al que pertenece a las capas más bajas de la sociedad. Gracias a estas descripciones, las amas de casa, el buen burgués, los jóvenes que se inician en su contacto con los otros, respiran aliviados. Porque entonces el vecino de al lado, que no tiene esos rasgos, no es capaz de hacer daño. Y el Ministro que por sus dotes llegó a ese cargo, no será nunca considerado delincuente aún cuando se enriquezca haciendo uso indebido de su posición; ni el gran industrial, próspero, hermoso y bien vestido, cuya mujer bella ilumina las páginas sociales de los diarios. Ni el general de deslumbrante uniforme, ni el comerciante, ni el médico, ni el juez, ni el abogado.

Si las tendencias biológicas y sicologistas buscan establecer las características innatas, las deficiencias conHénltuN, síquicas o intelectuales del delincuente, quienes siguen las corrientes sociológicas a las que hemos hecho referencia en el punto II.4., no están planteando un análisis global de la sociedad y sus estructuras de poder, pues tan sólo se limitan al estudio de algunos fenómenos sociales (marginalidad, subculturas, educación, etc.), que son analizados por separados, como "problemas de la sociedad" y en la "medida en que afectan el comportamiento del delincuente". Por tanto, llegan al mismo objetivo que las anteriores, por más que tengan un ropaje sociologizante que parece ofrecer un análisis más global y dinámico de la cuestión criminal, pues un análisis macrosociológico del fenómeno criminal nos llevaría a preguntarnos primeramente el porqué de la marginalidad, la falta de educación, la desintegración familiar; antes que pretendamos atribuir a estos como factores de la delincuencia.

Al trabajar y obtener datos "científicos" de las personas recluidas en prisión, los resultados no son objetivos ni confiables y nos demuestran una visión parcial del problema que nos ocupa, ya que sólo están estudiando a quienes han caído en brazos de la ley penal. Si la realidad nos demuestra que las personas de alta respetabilidad y alto estatus que cometen delitos en el ejercicio de sus actividades, no van a prisión; que ésta está destinada solamente para los hambrientos, los incultos, los miserables, los que no tienen posibilidad de defensa, los que son rápidamente aprehendidos por la policía, o los que no tienen dinero para pagar a un juez o a la Policía.

Las prisiones nos parecen mostrar que la patología social es la pobreza. Estas teorías criminológicas no nos pueden explicar el porqué los empresarios no pagan sus impuestos; monopolizan la importación, producción o distribución de mercaderías, la manipulación de los precios, con graves consecuencias para la economía ciudadana, la introducción de productos que han sido prohibidos en otros países por considerarlos nocivos para la salud, en general el engaño en productos industriales; los contratos celebrados en perjuicio del Estado, la destrucción y el deterioro de los bienes del Estado y la riqueza nacional, conducta antieconómica de altos funcionarios del Estado, etc. Tampoco nos explica porqué no pasan por los tribunales penales; porqué el público no los censura como a delincuentes; el porqué de la impunidad de estos delitos.

Quienes cometen este tipo de delitos, en un análisis etiológico, difícilmente podamos atribuir su conducta a los factores biológicos (taras hereditarias, alcoholismo, sífilis, tuberculosis, etc.), sociales (desorganización familiar, deficiente educación, desempleo, bajo ingreso económico, migración campesina, falta de vivienda, etc.) o síquicos (inmadurez etc.).

Para nosotros es fundamental, al explicar la delincuencia, efectuar el análisis de los problemas sociales como producto de las contradicciones ocasionales por el propio funcionamiento de las relaciones de producción dentro de la sociedad capitalista, negamos la aceptación crítica de las leyes y consideramos necesario el estudio de las relaciones de poder que se dan al interior de la sociedad. Los hechos delictivos que vamos a relatar en el capítulo siguiente, los mismos que fueron realizados en nuestro país, escapan a la explicación etiológica que nos da la criminología ortodoxa. Lo que nos demuestra que no podremos "universalizar" explicaciones de posibles causas de la criminalidad, utilizando como conejillos de indias, a los detenidos en los centros penitenciarios, ya que los autores de los delitos que hacemos mención ninguno se encuentra detenido. Los que nos lleva a afirmar que la Criminología a fin de dar una explicación más cabal del problema criminal, tiene que salir de las cárceles y visitar las oficinas públicas, los despachos de los gerentes empresarialñes, las leyes, la policía y los tiburones la policía y los tribunales.

NOTAS

(1) La Sagrada Biblia, Ed. Herder, España 1968.
(2) Rodriguez. Manzanera, Luis, Ob. Cit. pág. 143.
(3) Freud, Segismundo, "Tótem y Tabú", en Obras Completas, Biblioteca Nueva. España 1948, pág. 419.
(4) Rodriguez. Manzanera, Luis, Ob. Cit. pág. 144.
(5) Sainz Cantero, Jose. "La ciencia del Derecho Penal y su evolución". Ed. Bosch S.A., España 1975 pág. 72.
(6) Lombroso, Cesar, Cit. por Rodríguez M., Luis, Ob. Cit. pág. 255 y 256
(7) Idem. pág. 260.
(8) ldem. pág. 250.
(9) Idem. pág. 262.
(10) Idem. pág. 263-264.
(11) Idem. pág. 264.
(12) Idem. pág. 266.
(13) Idem. pág. 266.
(14) Tarde, cit. por Rodríguez M., Luis. Ob. Cit. pág. 286.
(15) Di Tulio, cit. por Rodríguez M., Luis, Ob. Cit. pág. 286
(16) Idem. pág. 287.
(17) Rodríguez M., Luis, Ob. Cit- pág. 289.
(18) Idem. pág. 300.
(19) nn
(20) Idem. pág. 306.
(21) Idem. pág. 307.

(22) Quetelet, cft. por Rodríguez M., Luis, Ob. Cit. pág. 320.
(23) Aubri, Paul, cit. por Rodríguez M., Luis, Ob. Cit. pág. 326.
(24) Ferri, Enrico, cit. por Rodríguez M., Luis, Ob. Cit. pág. 340.
(25) Idem. pág. 341.
(26) Idem. pág. 341.
(27) Tarde, Gabriel, cit. por Rodríguez M., Luis, Ob. Cit. pág. 349.
(28) Idem. pág. 350.
(29) Rodríguez M., Luis, Ob. Cit. pág. 374.
(30) Idem. pág. 378.
(31) Alexander, Franz y Staub, Hugo, "El delincuente y sus jueces desde el punto de vista sicoanalitico". Ed. Biblioteca Nueva, España 1961, pág. 50.
(32) Idem. pág. 69.
(33) Idem. pág. 228.
(34) Pinatel, Jean, cit- por Rodríguez M., Luis, Ob. Cit. pág. 411.
(35) Rodríguez M., Luis, Ob. Cit pág. 413.
(36) Landecho Velasco, cit. por Rodríguez M., Luis, Ob. Cit. pág- 413.

III. ¿Y ESTOS DELITOS COMO SE EXPLICAN? - En el
presente capítulo veremos un tipo muy diferente de conducta antisocial o conducta delictiva. Diferente por: que en estos delitos participan profesionales (abogados, militares, auditores, administradores de empresas, etc.) que es sinónimo de formación y acumulación de conocimientos, siendo también otra característica de estas personas, su buena posición económica, lo que viene a con» dicionar en nuestro país la buena salud y normalidad física.

III.1. Compra-venta de equipos integrales agrarios Hanne
S.A. (1).- El General de División Luis García Meza, como presidente de facto de nuestro país, con su gabinete en pleno, autorizó mediante D.S. de excepción N9 18116 de 4 de marzo de 1981, al Ministerio de Asuntos Campesinos y Agropecuarios, la compra de 2.000 carros de arrastre de dos urdas, arado de madera y accesorios con el nomine de "Equipos Integrales Agropecuarios de Nivel Primarlo".

El mencionado decreto por no cumplir múltiples disposiciones legales y porque el Banco del Estado (autorizado para hacerse cargo de dicha compra-venta) no podía hacer este tipo de operaciones, fue derogado a través del D.S. de **excepción** N⁹ 18246 de fecha 4 de Mayo de 1981, mediante el cual se dispone la prosecución de la compra de los mencionados equipos, apartándose de las normas de licitación señaladas por el D.S. 15223 de 30 de diciembre de 1977.

La Secretaría de Estado autorizada, en este caso el Ministerio de Asuntos Campesinos y Agropecuarios, para la gestión de esta compra, no efectuó ningún estudio de factibilidad, tampoco tomó en cuenta la capacidad, calidad y precio de estos artículos ($US. 5.000 c/u), ni mucho menos su adecuación a las necesidades de los agricultores y ganaderos de nuestro país.

Una Comisión Interinstitucional presentó un estudio sobre la propuesta de la firma Hanne S.A., rechazando la oferta de la firma por no cumplir con los requisitos mínimos de un estudio de factibilidad. Pero a pesar de ello se promulgaron los Decretos Supremos N' 18116 y 18246.

Por los defectos y deficiencias jurídicas, técnicas y administrativas, el contrato suscrito por el Ministerio de Asuntos Campesinos y Agropecuarios con la firma "Talleres Metalúrgicos Hanne S.A." de Salta, República Argentina, ha inferido al Estado Boliviano daños económicos y financieros que superan las erogaciones efectuadas.

La Dirección Jurídica de la Contraloría General de la República, según el informe Nº 5/515/82 de 09/06/82, recomienda al Despacho del Contralor General, se gire Nota de Cargo contra los ex personeros del Ministerio de Asuntos Campesinos y Agropecuarios, de acuerdo a la Ley del Sistema de Control Fiscal, en sus artículos 67 y 77 inciso h), por la suma de $US. 9.500.000.OO, monto de la carta de Crédito Irrevocable, confirmada y transferible N? 14260 de 15/07/81, que se gestionó, suscribió y pagó a la firma Hanne S.A.

El informe citado anteriormente, establece cláramente la responsabilidad de las siguientes personas:

a) Coronel DEMA. Julio Molina Suárez, Ex-Ministro de Asuntos Campesinos y Agropecuarios.
b) Ingeniero Mario Winchtendahl Chávez, Ex-Subsecretario de Asuntos Campesinos y Agropecuarios.
c) Abogado Graciela Thompson Aguilar, Ex-Asesor Legal del Ministerio de Asuntos Campesinos y Agropecuarios.

El mismo informe demuestra que los ex-ejecutivos del Banco Agrícola de Bolivia, en ejercicio excesivo de rus atribuciones y en contraposición a las normas del Banco y de las regulaciones financieras y administrativas del país, suscribieron dos contratos con la firma "Talleres Metalúrgicos Hanne S.A." de Salta, República Argentina. Con los cuales importaron 1.120 carros de remolque a tracción caballar (caballos percherones). denominados "Equipos Integrales Agropecuarios de Nivel Primario*', con arado de MADERA,

El ex-gerente general del Banco Agrícola de Bolivia, para cubrir las obligaciones contraídas mediante el Contrato suscrito con la Firma Hanne, mediante Memo N⁰CG/28/81 de 11/03/81 ordena el desembolso del equivalente a SUS. 250.000.oo de los fondos del Programa "Agricultural Linestock Proyect División" (ALPD). Estos fondos eran financiados por el Banco Mundial para el desarrollo ganadero del Departamento del Beni. El mismo informe indica que el saldo de $US. 5.350.000.oo se encuentra impago.

Por lo antes anotado, el informe de la Dirección Jurídica citado anteriormente, de acuerdo a la Ley del Sisinnii de Control l'Isail, y. .i su artículo 77; sugiere se gire Not.i de Carpo por la suma de $US. 250.000.oo a las personas siguientes;

.i) Ingeniero Antonio Simón Asbún, Ex-Presidente del Banco Agrícola de Bolivia.

b) Licenciado Raúl Olmos Olmos, Ex-Gerente del Banco Agrícola de Bolivia.

II.2. Convenio de crédito con la firma Puerto Norte S.A. (2).-

a) El Coronel Julio Molina Suárez, ex-Ministro de Asuntos Campesinos y Agropecuarios, suscribe con la Firma Argentina Puerto Norte S.A., un Convenio Bilateral de Crédito por $US. 50.000.000.oo, en fecha 23/12/80, sin que existan antecedentes sobre los requerimientos del sector agropecuario y estudio de comercialización de la maquinaria agrícola, ganado equino, vacuno, insumos agrícolas, fertilizantes químicos y materiales de infraestructura; operación que posteriormente en fecha 11/03/81 fue homologada mediante Decreto Supremo N⁰ 18120, en contravención al artículo 5⁰ del Decreto Supremo N⁰ 13434 de 19/03/76, que dice: "Ningún proyecto del sector Público será autorizado por el Suoremo Gobierno sino ha sido previamente presentado al Comité Nacional de Proyectos para su evaluación y recomendación".

Ante esta situación y todavía sin cumplir los requisitos exigidos por el artículo 57⁰ de la Ley del Sistema de Control Fiscal que dice: "Todo contrato a suscribirse por las entidades públicas con personas públicas o privada, nacional o extranjera debe ser presentada a la Contraloría, para que, previa revisión se pronuncie sobre sus aspectos legales y técnicos".

b) En fecha 05|02|81 y 13|03¡81 el Banco Agrícola abre en favor de la firma Puerto Norte S.A. las Cartas de Crédito N⁹s. 1001/81 por $US. 15.000.000.oo y 1002/81 por $US. 20.000.000.oo respectivamente, sin haber cumplido o tomado en cuenta los aspectos siguientes:

— El Manual de Procesamientos de Otorgamientos, Registro y Control de Avales del Banco Agrícola de Bolivia (B.A.B.) y las disposiciones citadas en el anterior punto a).

— Falta de estudio de factibilidad sobre las necesidades de los diferentes sectores y su posible comercialización.

— Falta de especificaciones de las características técnicas de los equipos, experiencias en el campo del trabajo, la topografía, altura, adecuación de los tipos de cultivo, dando lugar a que la firma Puerto Norte S.A. de Argentina, proceda al envío de la maquinaria conforme a sus intereses.

— Las Cartas de Crédito no fueron autorizadas por el Banco Central de Bolivia. Esta entidad bancaria indica en notas que cursó el Banco Agrícola de Bolivia (B.A.B.) y al Ministerio de Asuntos Campesinos y Agropecuarios, entre el 07¡0L81 y el 05j02¡82 las observaciones siguientes:

1. — No sea procedente atender el aval solicitado hasta que previamente el Comité Nacional de Proyectos emita la prioridad correspondiente.
2. — De la maquinaria a importarse se requiere un detalle previo.
3. — El Banco Agrícola de Bolivia debe concluir la nueva reorganización para después pasar a la consideración de operaciones.
4 — El Banco Agrícola de Bolivia no ha sido aceptado por el Directorio del Banco Central de Bolivia en el listado de instituciones autorizadas para operar dentro del Convenio Recíproco Boliviano-Argentino.

— El Directorio del B.A.B. no tuvo conocimiento por lo que tampoco autorizó.

— Falta de requerimiento de los sectores productivos del país que aseguren la comercialización de la maquinaria a recibirse.

— La Ley de Adquisiciones del Sector Público, vigente mediante el Decreto N⁹ 15223, no se tomó en cuenta en lo que se refiere a la obligación de realizar esta importación a través de licitación pública.

La **cláusula roja** contenían ambas cartas de crédito abiertas, irrevocables, confirmadas y transferible. La misma convertía la operación en riesgosa y peligrosa, ya que el Banco de Mendoza de la República Argentina estaba facultado a pagar a Puerto Norte S.A., hasta el 80% del valor de las cartas de crédito contra presentación de recibos simples y cartas de compromisos de presentar los documentos de embarque de la maquinaria dentro de la validez del crédito o sea un año. Por lo que Puerto Norte S.A. podía cobrar $US. 28.000.000.oo del total de $US. 35.000.000.oo sin enviar una sola maquinaria al país.

El Ministro de Asuntos Campesinos y Agropecuarios (ni Julio Molina Suárez, el Sub-Secretario de Asuntos Agropecuarios Sr. Ricardo Ardiles Molina, el Presidente del D.A.B. Sr. Antonio Simón Asbún y el Gerente General del B.A.B. Sr. Oscar Arce Loureiro, firmaron la Carta de Crédito Nº 1001/81 de 05/02/81.

El Ministro de Asuntos Campesinos y Agropecuarios M.A.C.A. Cnl. Julio Molina Suárez, el Sub-Secretario de Asuntos Agropecuarios Sr. Ricardo Ardiles Molina, el Presidente del B.A.B. Sr. Antonio Simón Asbún y el Gerente General del B.A.B. Sr. Raúl Oscar Olmos Olmos, fueron los que firmaron la Carta de Crédito Nº 1002/81 de 13 de marzo de 1981.

c) El Coronel Julio Molina Suárez como Ministro del M.A.C.A. y el Sr. Juan Alberto Rallín en representación de la firma Puerto Norte S.A., suscriben una Minuta de compra-venta de 23/02/81 mediante la cual la mencionada empresa debía entregar la maquinaria e implementos al M.A.C.A. hasta un plazo de 365 días a partir de la recepción de cade carta de crédito.

Mediante el D.S. Nº 18497 de 13/07/81, artículo 6º, se anula el antes citado contrato.

d) El convenio suscrito e! 23/12/80 entre el M.A.C.A. y !a firma Puerto Norte S.A. fue homologado mediante D.S. Nº 18120 de 12/03/81.

e) El M.A.C.A. y Puerto Norte S.A. suscriben un Convenio en fecha 01/06/81, complementario al firmado el 23/12/81, complemento en donde se indica que el citado Ministerio por intermedio de su ente financiador, el

B. A.B., abrirá y ratificará cartas de créditos por montos parciales hasta $US. 50.000.000.oo previa confor-

midad del Banco Central de Bolivia y con cargo a ía fuente de financiamiento establecida por la Circular N⁹ RC-693/RF-21 "Fomento a las Exportaciones de ía Argentina". Además atendiendo las necesidades de los sectores productivos del país. La citada circular dispone operar mediante la emisión de letras en dólares americanos del exportador, o sea Puerto Norte S.A.. Las mismas, una vez aceptadas y avaladas por el M.A.
C.A. y el B.A.B., son descontadas en los Bancos argentinos, los que a su vez redescuentan en el Banco Central de la República Argentina, entre cuyos mecanismos de seguridad de cobro se encuentran las operaciones imputables a las líneas de créditos acordados directamente entre Bancos Centrales de Convenios Recíprocos.

f) El B.A.B. y la firma argentina Puerto Norte S.A. suscriben el convenio para la Apertura de Cartas de Créditos en fecha 03/06/81, señalando en la Cláusula 2⁹: "El financiador se obliga a efectuar el depósito en la Cuenta Corriente del Banco Central de Bolivia dentro de las 48 horas de abierta la Carta de Crédito, la cantidad correspondiente al 30% del monto de la operación parcial, para uso de libre disponibilidad del B.A.B.". En la cláusula 5ta. aclara que: "este convenio no interfiere ni afecta los términos básicos de las Cartas de Crédito, sino simplemente complementa modalidades del uso de la suma financiada".

La antes mencionada Cláusula 2da., es modificada mediante el Contrato de Modificaciones de Cláusula de Convenio de Apertura de Cartas de Crédito de fecha 23/07/81.

Las Cartas de Crédito referidas debían abrirse con cargo a la fuente de financiamiento establecido en la Circular N⁹ RC-693-RF-21 "Fomento a las Exportaciones de la Argentina", como lo acordado en el Convenio Complementario de 01/06/81; dicha circular, en ningún caso permite financiamiento de dólares para ser remesados al exterior. Puerto Norte sólo podía cumplir con el 30% de lo ofrecido haciendo operar la "Cláusula Roja" de las Cartas de Crédito.

g) El Convenio Complementario de 01/06/81, como el Convenio para la apertura de Cartas de Crédito de 03/06/81, son homologados mediante el D.S. de Excepción N-> 18497 de 13 /07/81.

Hasta antes de la emisión del D.S. Nº 18497, la opéración Puerto Norte S.A. era riesgosa para el país, debido a la cláusula roja inserta en las Cartas de Crédito, pero improcedente por no estar autorizado para operar dentro del Convenio recíproco de pagos Boliviano-Argentino.

El mencionado D.S., no sólo aprueba las diferentes irregularidades de la operación Puerto Norte S.A., sino sobre todo las legaliza, conforme se evidencia en los párrafos siguientes: el artículo 3º exceptúa la aplicación del Decreto Ley N" 15223 de 30/12/77 que aprueba la Ley de Adquisiciones del Sector Público. Excepción que fue promulgada en contraverción al D.L. citado, níii la aprobación del Consejo Nacional de Economía y planeamiento.

El B.A.B. es autorizado mediante el Art. 4 a proceder a la apertura de Cartas de Crédito en forma parcial, previa conformidad del Banco Central de Bolivia.

El Banco Central de Bolivia es autorizado mediante el art. 5º para poder ratificar las Cartas de Crédito Nºs. 1001/71 y 1002/81 de fecha 05|02|81 y 13¡03!81, abiertas por el B.A.B. en favor de la firma Puerto Norte S.A., e incluirlo en la lista de los Bancos Autorizados para operar dentro del Convenio recíproco de Pagos Boliviano-Argentino.

De los estipulado en los artículos anteriores, se determina que las Cartas de Créditos Nºs. 1001/81 de 05/02/81 y 1002(81 de 13|03|81, fueron abiertas sin autorización del Banco Central de Bolivia. Además, el B.A.B. no estaba comprendido dentro del Convenio Recíproco de Pagos Boliviano-Argentino. Las citadas Cartas de Crédito no obstante contener Cláusula Roja, con grave riesgo para el Banco, y consiguientemente para el país, fueron autorizadas para su operación.

El D.S. N" 18497 fue promulgado sin cumplir lo establecido en el D.S. N? 13434 de 19/03/76, el cual en su artículo 5" a la letra dice: "Ningún Proyecto del Sector Público será autorizado por el Supremo Gobierno sino ha sido previamente presentado al Comité Nacional de Proyectos para su evaluación y recomendación".

h) El Presidente de la firma Puerto Norte S.A. Sr. Juan Alberto Rallín, en su intervención en la reunión del Directorio del B.A.B. celebrada el 22/07/81, en cuanto a la modificación de la forma de pago no sólo consiguió la aprobación de la transferencia de las cartas de Crédito del Banco de Mendoza al Banco de Santurce S.A., sino también delineó la forma de operar en cuanto a la cancelación del 15% del valor FOB. Estos aspectos que con toda claridad se refleian no solamente en las Cartas de Crédito modificadas 1001/81 y 1002/81 de fecha 22|07I81, sino también, en el "Contrato de Modificación de la Cláusula de Convenio de Cartas de Crédito" suscrito el 23/07/81.

i) El Sr. Juan Alberto Rallín coniuntamente con los representantes del B.A.B. en el Contrato de Modificación de Convenio de Apertura de Cartas de Crédito suscrito el 23/07/81, resolvieron que la firma Puerto Norte S.A. no tiene derecho a reclamo alguno sobre los importes del 15% del Beneficiario en la forma de pago de las cartas de crédito, ya que el mismo importe se registra sólo para viabilizar trámites ante el Banco Central de la Nación Argentina. Sin embargo, las firmas proveedoras argentinas, por los equipos y accesorios enviados están facturando con el sobreprecio del 15%.

j) Se suscribió el Contrato de Modificación de Cláusula de Convenio de Apertura de Cartas de Crédito de 23/07/81, como resultado de la resolución determinada en reunión de Directorio de 22/07/81. Consiguientemente, se procedió a la reapertura de las Cartas de Crédito N's. 1001'81 y 1002(81 de 22/07/81, liberando a la firma Puerto Norte S.A. del depósito del 30% sobre aperturas de Cartas de Créditos Parciales. Además, sin autorización del Banco Central de Bolivia. en contravención al art. *4°* del D.S. N⁰ 18497 de 13/07/81.

En fecha 23/07/81 fueron anuladas las Cartas de Crédito N's. 1001/81 y 1002/81 abiertas en fechas 05102(81 y 13103181, por ante el Notario de Fe Pública de Ira. Clase Prudencio Peñaloza Espejo,

k) El Presidente de la firma argentina Puerto Norte S.A. Señor Juan Alberto Rallín. en su factura proforrm enviada al B.A.B. por $US. 23.529.412.oo, indica que el valor total es sólo de $US. 20.000.000.oo ñor el envío de los ítems detallados, la diferencia de $US. 3.529.412.oo corresponde al 15% de sobreprecio. En consecuencia, según el Convenio suscrito de fecha 23/07/81. la diferencia señalada es de exclusiva responsabilidad de

Puerto Norte S.A., quedando liberado de obligación alguna, el Gobierno de Bolivia. Pero las firmas proveedoras por las maquinarias enviadas, están facturando con más el 15% del sobreprecio.

1) El Presidente y Gerente General del B.A.B. señores René Soto Siles y Rafael Rocha Camacho. respectivamente, el 14 de noviembre de 1981 procedieron a la apertura de la Carta de Crédito N⁹ 1007/81, sin considerar los objetivos agropecuarios y prohibiciones establecidas en los artículos 5 y 6 del D.S. 16699 de 05/07/79 de Reestructuración del B.A.B. Y sobre todo, sin tomar en cuenta la prohibición del Banco Central de Bolivia contenida en su Resolución de Directorio N⁹ 258/81, la misma que se hizo conocer al B.A.B. mediante Nota N⁹ 2403/10/81 de fecha 21; 10Í81. Así también, no se cumplió con todo lo observado en el punto b); más aún, ni siquiera se tomó en cuenta lo acordado en el Convenio Complementario de 01/06/81, ni lo dispuesto en el D.S. N⁹ 18497 de 13/07/81. Se hizo, también, caso omiso del D.S. N⁹ 18530 de 30/07/71 y del D.I._ N⁹ 18593 de 17/09/81. Del mismo modo, no se consideró el Contrato de Modificación de Cláusula de Convenio de Apertura de Carta de Crédito suscrito el 23/07/81 y menos se tomó en cuenta lo acordado con Puerto Norte S.A. conforme se indica en el Acta de Reunión de Directorio N⁹ 1799. La maquinaria solicitada es similar a la pedida, con la Carta de Crédito N⁹ 1001/81, diferenciándose sólo por fijar precios superiores, aceptando pagar precios sobrefacturados.

En la mencionada Carta de Crédito se incluye una fábrica de baterías de "PLOMO ACIDO" integrada por su respectiva fábrica de caias de Ebonita v otros accesorios con un valor de $US. 2.453.650.oo bajo el sistema "Llave de Mano", en contravención • al artículo 10 del D.S. N⁹ 15223 de 30/12/77 de la Lev de Adquisiciones del Sector Público, que a la letra dice: "No se' licitará ningún proyecto en el que exista provisión de equipos, maquinarias y otros bienes por el sistema de "Llave de Mano". El ex-Ministro del M.A.C.A. Sr. Carlos Villarroel Navia. manifiesta su conformidad mediante Nota N° 0075/82 de 14/0L32 al Ministerio de Comercio Exterior de la República Argentina,., con la **transferencia parcial** de $US. 2,453.65Ó.oo **en favor de** la firma Rolov S.A. Asimismo indica "que el Ing. Irme Torofc Barbay con pasaporte boliviano N⁹ 1694554 S.C. representante legal de la Fábrica de Baterías SCZ S.R.L. está autorizado para suscribir el correspondiente contrato bajo el sistema de Llave de Mano de una Planta de Baterías de Plomo Acido".

Al 03/12/82, de la citada fábrica ha llegado al país parte de la misma, por un valor de $US. 1.255.930.91, de cuyo monto $US. 283.728.43 corresponden al valor de la estructura de hormigón armado premoldeado y protensado.

En cuanto a las previsiones adoptadas, el lugar a ocuparse para la instalación de la citada fábrica, no se conoce absolutamente nada.

m) El Sr. René Soto Siles y el Sr. Rafael Rocha Camacho. Presidente y Gerente General, respectivamente, del B.A.B., sin aprobación del Directorio, en fecha 14/11/81 ha pedido de Puerto Norte S.A. procedieran mediante Télex a una modificación de la Carta Crédito N'1002/81 hasta un monto de $US. 20.635.460.oo, introduciendo principalmente el cambio de tractores Massey Ferguson por tractores marca DEUTZ y/o otros similares en contravención al D.S. N⁹ 18497 de 13/07/81, que autoriza la apertura por $US. 20.000.000. Asimismo, modifican la forma de pago, aceDtando cancerar el 15% del sobreprecio con letras a 180 días de fecha de embarque avalada por el B.A.B.

El 14/11/81, fecha en que se abre la carta de crédito N⁹ 1007/81. como producto de la modificación mediante télex de la carta de crédito N⁹ 1002/81, fue una fecha que corresponde a un día no laborable, es decir un sábado.

n) Las Cartas de Crédito avalada por el B.A.B. en favor de la firma argentina Puerto Norte S.A., emiten un importe total de $US. 52.250.460.oo, total que registra un sobregiro de $US. 2.250.460. con relación al monto de $US. 50.000.000.oo estipulado en el convenio de crédito de 03/06/81.

o) El B.A.B. ante la inminente llegada de la maquinaria agrícola, debido a que no fue planificada su comercialización, confronta diversidad de problemas, como la falta de técnicos y almacenes para su recepción por lo que se encuentra depositada a la intemperie en la estación ferroviaria de Guaracachi (Santa Cruz de la

Sierra) sufriendo deterioro por efectos de los fenomenos atmosféricos y demás daños como el robo de diferentes piezas.

p) Si se toma en cuenta el valor FOB de la maquinaria, de las cartas de crédito No 1001/81 a 1007/81, según lo que pretende cobrar Puerto Norte S.A., el valor de la maquinaria recibida, solicitada mediante la carta de crédito No 1007/81, aparte del 15% de sobreprecio contiene precios mayores a la maquinaria recibida, respecto a la carta de crédito No 1001/81 como las que se muestra en el siguiente detalle:

Pzas.	Maquinaria	Según Carta de Credito No 1007/81 en $us.	Según Carta de Credito No 1001/81 (Menos el 15%)	Diferencia
100	Rastras	212.600,00	170.000,00	42.000,00
50	Rastras	126.000,00	110.500,00	15.500,00
150	Arados	452.400,00	382.500,00	60.900,00
150	Rastras	661.650,00	510.000,00	151.650,00
100	Sembradoras	493.500,00	425.000,00	68.500,00
100	Acoplados	443.300,00	340.000,00	103.300,00
50	Acoplados	190.600,00	170.000,00	20.600,00

Si se restara el 15% del valor FOB de la maquinaria relacionada con la carta de codito N? 1007/81 nos.daría un valor mayor al valor FOR dr> «a maquinaria referente a la Carta de Crédito Nº 1001/81. Lo oue demuestra aue el precio de la maquinaria, recibida nertinente a la carta de crédito Nº 1007/81. es superior al de la maquinaria recibida que fue solicitada con Carta de Crédito Nº 1001/81.

q) La nota de fecha 09/12/82 que cursara el Presiento de la firma Puerto Norte S.A. Sr. Juan Alberto Rallín. al Titular del M.A.C.A.. leios de mostrar una aparente honestidad y legalidad de la actitud asumida por Puerto Norte S.A., sólo refleja una realidad, es decir el sobreprecio cobrado ñor la citada firma.

r) El B.A.B. ha recibido facturas. valor. FQP> remitidas por los proveedores argentinos con rótulo dé Puerto Norte S.A., por concepto de maquillarías v accesorios que ascienden a la suma de $US. 37.007.077.91 al 03/12/82.
Esta suma incluye el sobreprecio de $US. 5.551,061.69

correspondiente al 15% que es de exclusiva responsabilidad de la firma argentina Puerto Norte S.A., conforme lo establece el convenio suscrito en fecha 23/07/81. y la factura proforma de 30/07/81. Además, incluye el cobro de $US. 219.555.63 por concepto de intereses calculados con respecto al sobreprecio, cuyo resumen es el siguiente: (Cifras estimadas en dólares americanos).

Cartas Crédito Nro	Valor FOB s/g Facturas 100%	Según Convenio 85%	Sobreprecio 15%	Intereses Sobreprecio
1001/81	10.181.249.oo	8.654.061.65	1.527.187.35	74.343.65
1002/81	13.833.880.oo	11.758.798.oo	2.075.082.oo	87.399.48
1007/81	12.991.948.91	11.043.156.57	1.948.792.34	57.812.50
Totales	37.007.077.91	31.456.016.22	5.551.661.69	219.555.63

El Banco Central de la Argentina, de acuerdo al detalle de vencimiento de las letras enviadas por los diferentes Bancos notificadores de la República Argentina, efectuó los cargos al Banco Central de Bolivia, el valor de las facturas FOB., más incluyó lo siguiente:
— Sobreprecio del 15% en facturas valor FOB, relacionando con las importaciones correspondientes a las cartas de Crédito N⁹s. 1001/81 y 1007/81:

$US. 5.551.061.69
— Intereses por sobreprecio $US. 219.555.63

Total $US. 5.770.617.32

s) Por todo lo anteriormente anotado, la Dirección Jurídica de la Contraloría General de la República sugiere los siguientes pasos:
1. — Aplicación del art. 77⁹ de la Ley del Sistema de Control Fiscal incisos a), e) y f) contra los señores Juan Alberto Rallín, René Soto Siles y Rafaél Rocha Camacho por $US. 5.770.617.32.
2. — Aplicar al art. 71⁹ de la Ley del Sistema de Control Fiscal por la suscripción y aprobación del Convenio de Crédito con Puerto Norte S,A. ppr $US.

50.000.000.00, a las siguientes ex-autoridadesr
Coronel Julio Molina Suárez
Ex-Ministro de Asuntos Campesinos y Agropecuarios.
Teniente Coronel Ricardo Ardiles Molina
Ex-Subsecretario de Asuntos Campesinos.
Ingeniero Antonio Simón Asbún
Ex-Presidente del Banco Agrícola de Bolivia.
Licenciado Raúl Oscar Olmos Olmos
Ex-Gerente General del Banco Agrícola de Bolivia.
Ingeniero Oscar Arce Loureiro
Ex-Gerente General del Banco Agrícola de Bolivia.
Ingeniero Mario Wichtendahl Chávez
Ex-Subsecretario de Asuntos Campesinos.

3. — La emisión del D.S. Nº 18497 de 13/07/81 que faculta el crédito documentario, contra disposiciones legales expresas, por lo que se debe aplicar el art. 71' de la Ley del Sistema de Control Fiscal, a los que se citan a continuación:
General Luis García Meza Tejada
Ex-Presidente de la República.
General Oscar Larraín Frontanilla
Ex-Ministro de Planeamiento y Coordinación.
Coronel Julio Molina Suárez
Ex-Ministro de Asuntos Campesinos y Agropecuarios.

4. — Aplicar el art. 71º de la Ley del Sistema de Control Fiscal, debido a la inclusión en la Carta de Crédito Nº 1007/81 de 14/11/81 la adquisición de una fábrica de baterías "Plomo Acido" por un valor de $US. 2.453.650.OO, a las siguientes ex-autoridades:
Señor Carlos Villarroel Navia
Ex-Ministro de Asuntos Campesinos y Agropecuarios.
Licenciado René Soto Siles
Ex-Presidente del Banco Agrícola de Bolivia.
Licenciado Rafaél Rocha Camacho
Ex-Gerente del Banco Agrícola de Bolivia.
Ingeniero Irme Torok Barbay
Representante legal de la Fábrica de baterías SCZ. S.R.L.

5. — Aplicar el art. 30º de la Ley del Sistema de Control Fiscal para que presenten informe sobre el viaje en comisión a Buenos Aires con el fin de investigar y

obtener la mayor cantidad de cotizaciones de proveedores Argentinos, a los ex-miembros del Directorio del Banco Agrícola de Boiivia, que a continuación se detallan:
Señor Freddy Heinrich Balcázar
Ex-Represencante de planeamiento y coordinación.
Señor Juan Ramón Ramírez Romero
Ex-Representante del Ministerio de Finanzas.
Licenciado Raúl Olmos Olmos
Ex-Gerente General del B.A.B.
Licenciado Rataél Rocha Camacho
Ex-Gerente de Créditos y Cobranzas del B.A.B.

6. — Aplicar el art. 30- de la Ley del Sistema de Control Fiscal para que presenten la documentación que acredite, la resolución aprobada en reunión de Directorio Nº 1799 de 22/07/81, para modificar las Cartas de Crédito No. 1001/81 y 1002/81 de fechas 05/02/81 y 13/03/81, respectivamente, liberando a la firma Puerto Norte S.A. de la obligación del depósito del 30% sobre el valor de las cartas de crédito, a los siguientes ex-directores:
Ingeniero Antonio Simón Asbún
Ex-Presidente del Directorio del B.A.B.
Señor Freddy Heinrich Balcázar
Ex-Director del B.A.B.
Señor Juan Ramón Ramírez Romero
Ex-Director del B.A.B.
Señor Gilberto Gómez Vidangos
Ex-Director del B.A.B.
Licenciado Raúl Oscar Olmos Olmos
Ex-Gerente General del B.A.B.
Abogado Edgar Adamzcyk Dorado
Ex-Director de la Asesoría Legal del B.A.B.

7. — Aplicar el art. 30" de la Ley del Sistema de Control Fiscal para que presenten un informe circunstanciado sobre las representaciones efectuadas con referencia al D.S. Nº 18497 de fecha 13/07/81; además, con carácter previo, solicitar al Banco Central de la República Argentina, la inclusión del Banco Agrícola de Bolivia a la nómina de instituciones autorizadas para operar dentro del convenio recíproco para la ejecución del Convenio Puerto Norte S.A. En consecuencia implicaría a las siguientes ex-autoridades del Banco Central de Bolivia:

Licenciado Guido Salinas Vásques
Ex-Presidente del Banco Central de Boiiviá.
Señor Jaime Castro Zubieta
Ex-Gerente de Operacion del Banco Central de Bolivia.
Señor Jorge Cervantes Alcázar
Jefe del Dpto. de Convenios y Créditos Recíprocos.

III.3. Cobro del Cheque N* 2143 por $US. 278.085.45.- (3).-

III.3.1. Antecedentes.- Durante el Gobierno del General Hugo Bánzer S., se contrató a la firma de abogados norteamericanos Johnstone, Adams, May, Howard & Hill de Alabama, para que sean representantes legales del Gobierno de Bolivia dentro del Juicio Civil Nº 74-501-T instaurado en Alabama por las firmas norteamericanas ADM Milling Co. Inc., adjudicataria para la provisión de 28.618 Toneladas de Harina y la empresa transportadora T.J. Stevenson & Cía., a raíz del rechazo que efectúa el Gobierno de Bolivia porque ese artículo se encontraba agorgojado. El juicio antes indicado fue ganado por el Gobierno de Bolivia de acuerdo a las sentencias de 16 de septiembre de 1976 y 28/01/81, emitidas por la United States District Court for the Southern District of Alabama, donde se determina el pago de $US. 325.960.51 en favor de la República de Bolivia, por concepto de indemnización por daños y perjuicios ocasionados; al haberse incumplido el contrato por parte de los demandantes, importe que al devengar el interés del 6% anual llegó a sumar el monto de $US. 404.191.03. Esta cantidad a la que se restó: $US. 114.098.37 a la T.J. Stevenson & Cía. Inc. por sentencia Judicial obtenida por esta empresa transportadora, $US. 7.400.70 a los representantes del Gobierno de Bolivia, Johnstone, Adams, May, Howard & Hill de Alabama por sus servicios y gastos incurridos en la causa legal indicada, $US. 4.606.51 por servicios profesionales prestados en el mismo litigio por William R. Joyce Jr.

III.3.2. El hecho.- El saldo de $US. 278.085.45, por instrucciones emitidas en nota de fecha 22/01/81 (en la nota se indica 22/01/80) mediante la cual el General Luis García Meza Tejada como Presidente de la República y Comandante General del Ejército, instruye a la firma de abogados norteamericanos Johnstone, Adams, May, Howard & Hill de Alabama, para que giren el cheque 2143 a la orden de República de Bolivia-Comando General del Ejército, en lugar de efectuarlo a nombre del Tesoro General de la Nación.

El mencionado cheque es entregado el 10/02/81 por el abogado Alex Howard, representante de la firma de abogados norteamericanos, a Jorge Inarra Caba, quien fuera Asesor y Coordinador en la Acción Legal antes mencionada. El abogado Jorge Inarra Caba entregó el Cheque al General Luis García Meza Tejada, firmando un recibo el Coronel Rodolfo Cueto Jiménez en representación del antes nombrado General García Meza.

En fecha 10/02/81 el cheque N" 2143 es endosado por el Coronel Rodolfo Cueto Jiménez, Jefe del Departamento V de Finanzas del Estado Mayor de Ejército, a la orden del Banco Central de Bolivia para depósito en la cuenta N" 04/027/497., aunque en una declaración informativa éste afirma que no intervino en el endoso o cobro del cheque, pero en el cheque figura su firma.

El depósito antes mencionado, es cobrado en efectivo, la cantidad de $US. 178.085.45, por el Capitán Luis Bravo Erquicia, miembro del Comando General del Ejército, y se gira un nuevo cheque por $US. 100.000.oo a la misma orden del Cap. Bravo, cheque que tiene como destino el Bank of América New York en la cuenta Nʸ 2-10-19910 y que cuenta con la autorización por el Gerente de Operaciones del Banco Central de Bolivia, Lic. Luis Ballesteros Prieto. Por todo lo anotado anteriormente, la Dirección Jurídica de la Contraloría General de la República mediante informe N" 5/553/83 de fecha 11/04/83, establece la responsabilidad solidaria por infracción a los artículos 10º, 20º, 21°, 23º, 26º, 62º, y 67º de la Ley del Sistema de Control Fiscal, al haber incurrido en delitos contra la función Pública, contra la economía nacional y estafa contra el estado, determinando que corresponde la aplicación del artículo 77º, incisos a), h) e i) de la Ley del Sistema de Control Fiscal, por lo que se debe girar Nota de Cargo por $US. 278.085.86, contra los implicados siguientes:

General Luis García Meza Tejada.
Coronel Rodolfo Cueto Jiménez.
Capitán Luis Bravo Erquicia.
Licenciado Luis Ballesteros Prieto.

III.4. Licitación para provisión de equipos petroleros.- (4).

III.4.1. Los antecedentes.- El informe de la Dirección Jurídica de la Contraloría General de la República Nº 5/552/83, se pronunció sobre las normas infringidas y las sanciones a imponerse a quienes participaron en la adquisición por Y.P.F.B., de dos equipos de perforación petrolera, mediante Licitación Pública Nº 2/80; por invitación de fecha 27 de mayo de 1980, que debió haber concluido con la adjudicación de 25/06/80 en favor de la proponente TECPETROL LIMITADA BOLIVIANA, INDUSTRIAS DEL HIERRO S.A. de México, por $US. 18.011.696.oo, aprobada por D.S. Nº 17809 de 26/11/80 y que fue concretada por $US. 22.346.000.oo, con incremento de $US. 4.334.304.OO. El precio adjudicado, se fijó con aprobación de la H. Junta de Licitaciones de Y.P.F.B. de 13/03/81 y autorización mediante D.S. Nº 18180 de 09/04/81.

III.4.2 Aspectos legales.- La Dirección Jurídica, en base a documentaciones legales vigentes, determina a las personas siguientes como implicados por las infracciones legales que se indican:

a) El ex-presidente de la República, General Luis Gárcia Meza Tejada; ex-ministro de Planeamiento y Coordinación, General Oscar Larraín Frontanilla; y el Capitán de Fragata Líder Sossa Salazar, son responsables en forma solidaria de la tramitación, aprobación y dictación del D.S. Nº 19180 de 09/04/81, en violación de los artículos 51 y 63 de la Ley de Adquisiciones del Sector Público, con infracción de los artículos 62, 63, 66, 67 y 69 de la Ley del Sistema de Control Fiscal.

b) El Teniente Coronel Otto López Murillo e Ingeniero Delfín Pozo Jiménez, Ex-Ejecutivos de Y.P.F.B., infringieron el artículo 51 de la Ley de Adquisiciones del Sector Público y los artículos 62, 63, 66, 67 y 69 de la Ley del Sistema del Control Fiscal.

c) El Licenciado Edmundo Taborga Alcoreza y el Licenciado Max Aguila Pol, funcionarios de Y.P.F.B., han incumplido lo prescrito en los artículos 62, 63, 66, 67 y 69 de la Ley del Sistema de Control Fiscal.

d) El Ingeniero Oscar Saavedra Villarroel, representante del Ministerio de Finanzas; el Ingeniero Raúl Maídonado García, representante del Ministerio de Industria,

Comercio y Turismo; el Ingeniero José Arandia Rocha, representante de la Dirección General de Hidrocarburos; señor Alfredo Cerruto Cossío, representante de la Contraloría General de la República; Abogado Edmundo Tellería Espinoza, representante de la Fiscalía de Gobierno y el Abogado Santos Gómez Hoyos, Secretario de La Junta. Todos los anteriores fueron miembros de la H. Junta de Licitaciones que conocieron la licitación Nº 2/80, los que han infringido la Ley de Adquisiciones.

e) El abogado Mario Castro Fiorilo, al refrendar el contrato de 22/05/81, suscrito entre la Empresa Y.P.F.B. representada por el Capitán de Fragata Líder Sossa Salazar, Presidente del Directorio y el Teniente Coronel Otto López Murillo; y las proveedoras Industrias del Hierro S.A. representada por el Ingeniero Alfredo Díaz Díaz y Tecpetrol Ltda., representada por el Licenciado Jaime Rosa Graña, cuyo antecedente fue la Licitación 2/80 cuyo procesamiento observó mediante informe de 15/12/80 sugiriendo su anulación por vicios de nulidad, como Sub-contralor infringió el artículo 15 de la Ley Orgánica de la Contraloría General de la República al no representar el D.S. Nº 18180 de 09/04/81, omitiendo el cumplimiento de las obligaciones establecidas en los artículos 17 y 20 de la misma Ley.

Los funcionarios de la Contraloría, Licenciado Vargas Peñaloza, Director de Control Previo y el Licenciado Jorge Chávez A., Interventor ante Y.P.F.B., han incurrido en incumplimiento de deberes.

f) El representante legal de TECPETROL LTDA. Licenciado Jaime Rosa Graña y el representante legal de INDUSTRIAS DEL HIERRO S.A., Ingeniero Alfredo Díaz Díaz, han violado el art. 65 de la Ley del Sistema de Control Fiscal porque, simulando contracción internacional en la oferta de equipos de perforación petrolera en el lapso comprendido entre el 27/05/80 (fecha de la invitación de Y.P.F.B. 2/80) al 26|11|80 (fecha del D.S. Nº 17809 que aprobó la adjudicación ratificando la compraventa) con carta de 06/03/81 incrementaron en $US. 4.334.304.OO los precios ya adjudicados. Dicho incremento representó el 24% del precio adjudicado, como escalación mundial supuestamente operado en seis meses; y modificaron el plazo de entrega de los equipos adquiridos, en flagrante violación de los arncuios 51, 68 y 74 de la Ley de Adjudicaciones.

Hay que tener en cuenta que la adjudicación fue comunicada a las adjudicatarias el 20/06/80 y confirmada en 09/12/80, careciendo de relevancia jurídica, a efectos del perfeccionamiento del contrato y su cumplimiento. La carta del Ministro de Hidrocarburos que carecía de competencia (de fecha 31/10/80, para anular la adjudicación, la cual que es invocada por las adjudicatarias como pretexto para incrementar los precios y modificar el contrato y que, sin embargo, no tue legalmente impugnada.

III.4.3. Acción a seguirse. - La Dirección Jurídica de la
Contraloría General de la República, sugiere se gire Nota de Cargo por $US. 4.334.304.OO, en aplicación de los incisos a), h), e i) del artículo de la Ley del Sistema ae Control fiscal, contra las personas siguientes:
General Luis García Meza Tejada.
General Oscar Larraín Frontanilla.
Capitán de Fragata Líder Sossa Salazar.
Coronel Otto López Murillo.
Ingeniero Delfín Pozo Jiménez.
Ingeniero Alfredo Díaz Díaz.
Licenciado Jaime Rosa Graña (actualmente es catedrático en la Universidad Gabriel René Moreno).

Además debe pedirse justificativo y documentos
de descargo, en aplicación del artículo 71 de la Ley del
Sistema de Control Fiscal lo cual, determinará la inclusión
en la Nota de Cargo a los señores:
l icenciado Edmundo Taborga Alcoreza.
Licenciado Max Aguilar Pol.

También se sugirió la denuncia penal, en aplicación a los artículos 5° del Código Penal y 122 y 123 del Procedimiento Penal y el artículo 82 de la Ley de Adquisiciones del Sector Público, a los integrantes de la **H.** Junta de Licitaciones de Y.P.F.B. por la comisión de delitos contra la función Pública y la economía del Estado, pn contra de las siguientes personas:
Capitán de Fragata Líder Sossa Salazar, Presidente.
Coronel Otto López Murillo, Gerente General de Y.P.F.B.
Ingeniero Delfín Pozo Jiménez, Sub-Gerente Técnico
Y.P.F.B.

Ingeniero Oscar Saavedra Villarroel, Representante del Ministerio de Finanzas.
Ingeniero Raúl Maldonado García, Representante del Ministerio de Industria, Comercio y Turismo.
Ingeniero José Arandia Rocha, Representante de la Dirección General de Hidrocarburos.
Señor Alfredo Cerruto Cossío, Representante de la Contrataría General de la República.
Abogado Edmundo Tellería Espinoza, Fiscal de Gobierno.
Abogado Marró Castro Fiorilo, Fiscal de Gobierno y ex-sub-contralor.
Abogado Santos Gómez Hoyos, Asesor Jurídico y Secretario de la Junta.

Porque al aceptar el incremento en el precio de la maquinaria ya adjudicada, tal como se demuestra en el Acta de 13/03/81, cometieron delito contra la función pública y la economía del Estado.

Además, incurrieron en encubrimiento y patrocinio infiel los siguientes:
Abogado Edmundo Tellería Espinoza.
Abogado Gastón Gómez.

III.5. El Caso "Roberto Suárez Gómez".- Como se ha notado en el presente capítulo, nos hemos limitado a dar los datos objetivamente, sin exponer nuestro criterio; se obtuvieron dichos datos de fuentes oficiales, y es así que, el presente subtítulo no será excepción y nos limitaremos a transcribir lo que fue una entrevista promovida por nuestro personaje, siendo publicada por la revista nacional "Crónicas", N" 4, año II, de Noviembre de 1983, La Paz-Bolivia.

Roberto Suárez Gómez, nacido en Santa Ana de Yacuma, (Departamento del Beni), de 52 años de edad (08/01/32 fecha de nacimiento), "soy de una familia de abolengo" (5) afirma él, otros dirán que tiene "aires de aristócrata provinciano" (6); "entre sus antecesores se encuentra gente influyente en la política y en la economía del país", siendo "uno de ellos el primer embajador que tuvo Bolivia en Gran Bretaña" (7); "Suárez tiene trato cortez, casi elegante. No posee características comunes de un pendenciero o de un hombre de líos" (8), es un "hombre alto, delgado, moreno" (9). "He leído mucho y he viajado bastante, lo que me ha hecho alcanzar un nivel, si no alto, afortunadamente medio" (10). Es además un buen piloto. Su inicio político es la postulación "a la Presidencia de la' Federación de Ganaderos (del Beni), aunque sin éxito. Subvencionó con fuertes cantidades de dinero a la estéril campaña electoral de Juan Pereda Asbún, el delfín político de Hugo Banzer Suárez" (11).

Cuando se le preguntó sobre su futuro, afirmó; "N.Q- hay otra cosa que hacer, que darle al tesonero trabajo, yo soy hombre de trabajo, trabajo desde las cuatro de la ma-. ñaña hasta las doce de la noche" (12).

A partir de lo que contó una prima de nuestro personaje: "En una sola noche Roberto perdió 60 mil dólares en iuego, en La Paz, y ¡No se le movió un solo pelo"!(13), podemos pretender establecer el capital con que, cuenta Roberto' Suárez Gómez, y comenzaremos con la cantidad de ganado vacuno, que él afirma tener: "poseo actualmente 22 mil cabezas de ganado" (14), además sostiene qiié, su capital es de "400 millones de dólares, muy bien ganados. También han dicho que tengo unos quince aviones, eso hay que desmentirlo, por que tengo 40 aviones, y entre ellos 12 cazas, tengo aviones Tucano, algunos con misiles" (15), eso sin contar las estancias donde tiene su gánado, y otros bienes. Todo ese capital ha motivado tener mucho poder, y para afirmarlo aún más, dice que: "...yo tengo 2,100.- hombres armados en este momento, 1.00Ó.- entrenados y 1.100.- de reserva. Mi plan era el siguiente: al 30 de Julio tendré 12.000.- hombres armados y eñ septiembre (se refiere al año 1983) armaré 30.000.- hombres". (16).

Entre sus aficiones está el volar, pero también las mujeres, veamos: "... la revista Play Boy miente cuando dice que soy un viejito enfermo. Pero también esa revista ha dicho que tengo muchas mujeres; eso si es verdad; y. son muy bonitas, las más bonitas, diría yo". (17).

Él se define como persona con ". . . sensibilidad social que practico, que —según creo— es laqúe-mé hace lograr amigos y arrastrar masas. Practico el'^comunismo, pero no el ateo, sino el comunismo de Cristo, ayudando a aue la gente trabaje para mejorar su standar de vida". (18).

El hermano de nuestro personaje, llamado Hugo Suárez Gómez de 57 años, al hablar de su hermano Roberto dice: "A mi hermano también le gusta la "Dolce Vita". Pero el amor que Roberto tiene a sus semejantes'es ya una tradición de toda nuestra familia. Hemos, -discutido con él y le hemos Dresionado para que se deie de las actividades del NARCOTRAFICO, y nos prometió firmemente que lo iba a deiar", finalizando añade: "el día en aue haya respeto a la Ley en Bolivia, él mismo se presentará ante la Corte". (19).

III.6. El caso de los bonos de lealtad.- El anexo I nos señala cláramente el uso común en los Gobiernos "de

facto" o de fuerza, muy comunes en nuestra historia, del "Bono a la lealtad", otorgado a los que no se insubordinan en contra del General que está en el gobierno. El mencionado Bono es contrario a cuantas leyes existen en nuestro país, ya que siendo dinero del Estado, o sea. del pueblo, hay canales legales para asignar a alguien sueldos extras, siempre y cuando, ese alguien esté beneficiando a los ciudadanos. Tales requisitos no son cumplidos en el caso que analizamos. Tenemos que hacer notar aue durante el gobierno del autor del anexo I, General Luis García Meza Tejada, las divisas para los estudiantes en el exterior. fueron suspendidas, va que en "aras de la Reconstrucción Nacional, los fondos del Estado tienen que ser única v exclusivamente utilizados en beneficio de la grandeza de la Patria".

III.7. El caso del contrato privado para la explotación de la Gaiba.-

E1 anexo 2 nos demuestra otra acción anti-social, efectuada por tres profesionales militares y un "señor", en "aras del gobierno de Reconstrucción Nacional y de la grandeza de la Patria". El anexo 2 circuló por todo el país y fueron varios los medios informativos escritos que publicaron el referido contrato, siendo El Mundo, de fecha 31 de diciembre de 1981, uno de ellos.

Creemos aue las explicaciones son innecesarias, así como también creemos en las malísimas intenciones de los autores, partiendo de las primeras palabras del citado documento, que dice: "...por el presente DOCUMENTO PRIVADO, el mismo que podrá ser elevado a la categoría de Público con e! simple reconocimiento de firmas . . . ". Notamos de que la intención era mantenerlo en secreto, transgrediendo normas de toda índole.

Bueno, lo meior será leer detenidamente el Anexo 2 y las palabras sobrarán.

El anexo 3 nos muestra una carta, publicada también por El Mundo en fecha 31/12/81, en la cual la empresa Rumy ratifica lo señalado en el anexo R

Como anécdota podemos señalar algo que publicó el mencionado periódico, en la fecha también indicada. con respecto a la pregunta que se les hizo a los exgobernantes sobre la razón que los motivó a la firma de dicho contrato, quienes contestaron: "Hemos sido sorprendidos en nuestra buena fe, es decir, que desconocíamos por completo el ordenamiento administrativo del país", por lo visto agrega El Mundo, "confundían los bienes del Estado con los suyos propios".

NOTAS

(1) Contraloria General de la República, Informe N9 6/15/82, Departamento Empresas Pública^ y Mixtas. Dirección: Audiloria, I¿a Paz, Bolivia.
(2) Contraloria General de la República, Informe N9 6/21/83, Departamento de Empresas Públicas y Mixtas, Dirección de Auditoría, La Paz, Bolivia.
(3) 'Comtraloría General de la República, Informe N9 6/V-88/83, Departamento: Administración Central, Dirección Auditoria, La Paz, Bolivia.
(4) Contraloría General de la República, Informe N9 6/89/82, Departamento: Empresas Públicas y Mixtas, Dirección: Auditoría, La Paz, Bolivia.
(5) "CRONICAS", Revista N9 4, Año II, de noviembre de 1983, La Paz, Bolivia, pág. 5.
(6) Idem. pág. 13.
(7) Idem. pág. 13.
(8) Idem. pág. 13.
(9) Idem. pág. 4.
(10) Idem. Pág. 5.
(11) Idem. Pág. 14.
(12) Idem. Pág. 11.
(13) Idem. Pág. 14.
(14) Idem. Pág. 12.
(15) Idem. Pág. 12.
(16) Idem. Pág. 19.
(17) Idem. Pág. 9.
(18) Idem. Pág. 5.
(19) Idem. Pág. 15.

IV.LA EXPLICACION DE ALGUNOS AUTORES.- Para tratar de explicar los actos que se describen en el capítulo III, con el título "Y ESTOS DELITOS ¿COMO SE EXPLICAN?", analizaremos los estudios que se han realizado, los más importantes por supuesto.

IV.I. Antecedentes.- En el congreso Internacional sobre Prevención y Represión del Crimen, realizado el año 1872 en Londres, el investigador Edwin Hill llamó la atención sobre el crecimiento de la criminalidad en los negocios. "Daba como ejemplo de ciertas actuaciones ilegales **de** agentes inmobiliarios, manufactureros y de algunas otras personas honestas". (1).

Gabriel Tarde, estudia por vez primera la criminalidad de los negocios, en función del origen social de los actores. Tarde plantea el "problema de las relaciones entré la criminalidad y la profesión, y, también señala la existencia de una delincuencia profesional ligada al ejercicio de la profesión". (2).

Edward A. Ross, en 1907, observó que cuando personas de la "alta sociedad" cometían crímenes, no provocaban ninguna reacción social.

A. Morris en 1935, coincidiendo pon Ross, analiza a los criminales de la alta sociedad, que nunca fueron calificados o presentados como un grupo particular y lo suficientemente concreto como para provocar la desaprobación del público. Estas personas no fueron jamás conducidas en masa a la prisión, ni encerradas en común en lugares aptos para su estudio y la verificación de sus particularidades, de modo que se pueda hablar de un tipo humano específico. Por el contrario, se mezclan con la multitud y llevan su vida como amigos o miembros activos de clubes o de sociedades religiosas; algunas veces hasta contribuyen con las organizaciones de lucha contra la delincuencia juvenil y colaboran, ayudando al Poder Legislativo, a votar leyes contra el crimen. La única diferencia entre estos individuos y la gente honesta que pertenece a su misma clase social, reside en un mínimo de sensibilidad ética sobre algunos puntos, originado sobre todo, por las relaciones estrechas que ellos mantienen con el modelo criminal que es el suyo en particular. (3).

W.A. Bonger, en su investigación titulada "Criminalidad y condiciones económicas", publicada en Amsterdan el año 1905, tuvo el mérito de destacar a las condiciones económicas un lugar importante en la producción de la criminalidad, y de efectuar una distinción entré los crímenes ordinarios (homicidio, lesiones, etc.) y los crímenes en el seno de la sociedad burguesa (bancarrotas fraudulentas, falsificaciones, adulteración de artículos alimenticios, ote.) (4). Bonger explicaba que la delincuencia de la burguesía es el resultado del modo de producción capitalista. "en el que la finalidad inmediata se traducía en una maxlml/.uclón de la especulación y en la búsqueda de ganancias excesivus". (5).

Rozengart en su investigación titulada "El crimen como producto social y económico" (1924), siguiendo la línea de Bonger, establece dos elementos imnortantes: La existencia de una delincuencia propia a la burguesía y, la influencia del contexto económico sobre la delincuencia general.

Encontramos también dentro de la línea trazada por Bonger, los trabajos del Instituto de Investigaciones de Naciones Unidas en Materia de Defensa Social, consagrados al estudio de la relación entre crisis económica y criminalidad. (6). Dentro de la misma línea encontramos también, los trabajos de la corriente denominada- "Criminología Crítica", los aue efectúan una interpretación- económica de la criminalidad. (7),

En 1939 el economista y sociólogo norteamericano Edwin H. Sutherland, en su trabajo presentado a la Sociedad Americana de Sociología, introdujo por primera vez el término "crimen de cuello blanco" (white-collar criminality).

Es Sutherland quien coloca los pilares para la investigación de la criminalidad económica, ya que tuvo el mérito de vulgarizar sus ideas en el momento histórico oportuno. Conviene señalar que Edwin H. Sutherland trabajó y vivió en Estados Unidos de Norteamérica, lo-que le permitió recibir la influencia cultural de dicha sociedad.

Esta sociedad fue la que en los primeros decenios del presente siglo, celebraba con gran fastuosidad la primera fase industrial de la economía capitalista. La élite que manejaba el poder económico, también manejaba el poder político. "La ética en vigor en los negocios era Busines is busines (negocios son negocios) y se apoyaba en la flexibilidad de las reglas de la libre concurrencia, igualmente que en el reconocimiento de un estatuto socio-económico y la noción de respetabilidad del hombre de negocios". (8).

Los mecanismos mágicos del capitalismo se desvanecen a partir de 1929 y, los EE.UU. de Norteamérica sufre la ya conocida "gran depresión". Comienza a ser motivo de escándalo la acumulación de riquezas, la creación de imperios comerciales e industriales, motivando un replanteamiento ético en los medios de enriquecimiento.

La crisis le llega al liberalismo económico, motivando el derrumbe de la industria, la bolsa de valores y el comercio se paralizan; es la caída cultural del hombre de negocios. (9).

Los hombres de negocios sufrieron la mayor pérdida de su prestigio a partir de 1929, señalaba Sutherland, apoyándose en su investigación sobre 70 grandes sociedades (matrices y sus filiales) seleccionadas entre las 200 más grandes empresas de los EE.UU. Puso en relieve que habían sido pronunciadas 547 decisiones judiciales contra las empresas investigadas, en el curso de su existencia (45 años de promedio). "De las decisiones pronunciadas, el 63% habían tenido lugar en el período 1935-1942, es decir, en el lapso correspondiente a un estatus social disminuido del hombre de negocios". (10). También observó que sólo el 16% de las decisiones judiciales pronunciadas, provenían de una jurisdicción penal, y el resto, el mayor porcentaje, fueron decisiones judiciales pronunciadas por tribunales civiles o administrativos.

IV.2. Definición.- Tratar de establecer una definición, de los delitos de cuello blanco, o delitos económicos es trabajo de todo investigador, por lo que se han dado muchas, sin llegar a un acuerdo sobre una definición única y general. Esta afirmación está corroborada con las conclusiones de los siguientes eventos internacionales: la XII Conferencia de Directores de Institutos de Investigapión Criminológiga, organizada por el Consejo Europeo en Estrasburgo el 15/11/76 y, las Primeras Jornadas de Defensa Social, organizadas por la Sociedad Internacional de Defensa Social en la ciudad de Roma en fecha 28/10/77.

El Comité de las Naciones Unidas para la prevención y lucha contra el crimen, en su 4ta. Sesión, realizada en los meses de iunio y julio de 1976, reiteró su interés en el tema de la definición baio la perspectiva de estudiar las medidas a emplear en la lucha contra la criminalidad económica. En el reporte elaborado en esta 4ta.'Sesión, si bien establece que el problema de la definición no fue resuelto, hace "alusión a la criminalidad que porta daños a la economía nuclonnl y al orden económico internacional". (11).

A continuación transcribiremos algunos conceptos emitidos sobre la delincuencia de cuello blanco o delincuencia económica.

En Bélgica, Geiorge Kellens, señala que es una actividad criminal que so ejerce a través de una empresa con el fin de obtener beneficios y ventajas de naturaleza económica. Esta actividad criminal, agrega, utiliza la complejidad y sofisticación de las operaciones comerciales, haciéndose difícil percibirlas, y la reacción social a esta criminalidad "es más simbólica que real y que ésta recae en la jurisdicción administrativa. En otros términos, dicha criminalidad es excluida del circuito penal y de penas de prisión". (12).

Heller en sus investigaciones (1967) denomina a estos actos los "Delitos de Caballeros". (13).

H. Kerner y J. Mack, en un estudio intitulado "Delito organizado y delito profesional", señalan'qué "la criminalidad de los negocios puede ser suscintamente definida como la explotación ilícita de la oportunidad existente en el sector económico", señalando más adelante que las personas implicadas en estos actos son "...hombres de negocios que gozan de una buena reputación, normalmente llamados criminales de cuello blanco". (14).

El catedrático de Derecho Penal de la Universidad de Santiago de Conpostela, Agustín Fernández Albor, en su "Estudio sobre Criminalidad Económica", hace notar la aparición de la delincuencia de cuello blanco, la que se contrapone a la delincuencia de cuello azul. Afirmando qüe la delincuencia de cuello blanco pertenece a la clase acomodada, dirigente, "distingüida"V y la delincuencia de cuello azul perteneciente a la clase proletaria, trabajadora, "obediente". Sostiene que; "la aplicación de una misma norma a personas situadas en distintos niveles económicos, o sociales, puede conducir a la injusticia; pero esta cuestión nos alejaría de algo que queremos señalar aquí y que se puede concretar en una pregunta: ¿persiguen con eficacia nuestros Tribunales a estos nuevos delincuentes? (15).

Las teorías de la etiología criminal de las clases inferiores, basadas en la herencia patológica, traumas mentales, deficiencias a nivel de socialización, etc., fueron relativizadas por Sutherland; Quien señala en oposición, que el delincuente de cuello blanco se caracterizaba por una personalidad bien dotada y un estatuto social elevado, condiciones que favorecían el ejercicio de una delincuencia altamente lucrativa. En 1949 publica su obra intitulada "White-collar criminality", en la que establece su primera definición, afirmando que la criminalidad de cuello blanco "designa las actividades ilegales desarrolladas por personas respetables y de clase social elevada, en eiercicio o en relación con sus actividades profesionales". (16).

Powel H. Horoszwski, destaca como el elemento común que caracteriza la criminalidad económica, "el hecho que esas infracciones son cometidas en condiciones donde el autor se vale de oportunidades especiales, creadas o altamente favorecidas, por las funciones y organizaciones actuales, en donde predominan sistemas tecnológicos, económicos, socio-culturales y políticos complejos", en otras palabras, se trata de "crímenes con oportunidades especiales". (17).

NOTAS

(1) Hill, Edwin, Cit. por Lola Aniyar en: "Algunas consideraciones sobre elementos básicos en el delito de Cuello Blanco". Editado por la Universidad de zulia, Venezuela. 1979. Pág. 37.
(2) Tarde, Gabriel, cit. por Lola Aniyar, Ob. Cit. Pág. 37.
(3) Morris, A., cit. por Lola Aniyar, Ob. cu, Pág. 38.
(4) Vasquez Hernández, Angela. "Formas y Dimensiones nacionales y transnacionales de la Criminalidad económica". Proyecto para Tesis Doctoral.

(5) Idem pag. 1.
(6) Idem pag. 2.
(7) Taylor, Walton y Young. "Criminologia Critica". Ed. Siglo XXI. Mexico 1977.
(8) Vasquez H., Angela. Ob. Cit. Pag. 3.
(9) Idem pag. 3.
(10) Idem pag. 4.
(11) Idem pag. 14.
(12) Idem pag. 12.
(13) Aniyar de Castro. Lola. Ob. Cit. Pag. 17.
(14) H. Kerner y J. Mack. Cit. Por Fernandez Albor, Agustin, en "Estudio sobre Criminalidad Ecomomica". Ed. Bosch. España 1978, pag. 9.
(15) Fernandez A., Agustin. Ob. Cit. Pags. 7 y 8.
(16) Sutherland, Edwin. Cit. Por Vasquez H., Angela, en ob. Cit. Pag. 7.
(17) Horoswski, powel H., cit. Por Vasquez H., Angela, en ob. Cit. Pag. 9.

V.- APLICACION DIFERENCIAL DE LA LEY. -
V.1. La propiedad privada: motivo de las diferencias. -

Juan Jacobo Rousseau, en "El Discurso sobre las desigualdades", proclama: "el primer hombre a quien, cercando un terreno, se le ocurrió decir: esto es mío y halló gentes bastante simples para creerles, fue el verdadero fundador de la sociedad civil. ¡Cuántos crímenes, cuántas guerras, cuántos horrores habría evitado el género humano aquel que hubiese gritado a sus semejantes, arrancando las estacas de la cerca y cubriendo el foso: Guardaos de escuchar a este impostor; estáis perdidos si olvidáis que los frutos son de todos y la tierra de nadie!" (1). Es a partir de este hecho que comenzaron a existir las diferencias, y la sociedad se dividió en clases sociales. Diferencias que se resumen en que una clase posee bienes y la otra no (y si las posee es en su mínima expresión); profundizando las diferencias e iniciándose la lucha de clases, cuando los poseedores se organizan para acrecentar sus bienes, a costa del sometimiento de los no poseedores. Al organizarse, crean historias para justificar el sometimiento, como ser el origen divino de sus cunas, y ia promesa de la salvación eterna para los sometidos.

Al pasar el tiempo, cuando la teoría del origen divino fue menos aceptada, vino otra etapa, donde se proclamó la igualdad, pero sólo fue proclamación, y se inventó el principio de legalidad para proteger e imponer todo el ordenamiento jurídico. Se crean las corrientes criminológicas, y los tribunales de justicia y la policía se ajustan a dichas corrientes que proclaman la estigmatización siguiente: ¡El génesis de la delincuencia son las taras físicas y socio-económicas!.

Esta clase, la dominante, al ver que todo está de su lado: el ordenamiento jurídico, los tribunales, etc., entonces, acrecienta sus riquezas muy rápidamente, y de lógico, en una forma criminal.

Al respecto, los investigadores Ian Taylor, Paul Walton y Jock Young, en su obra "Criminología Crítica", explican que "... una sociedad proclamada sobre la base del derecho desigual a la acumulación de la propiedad da lugar al deseo legal e ilegal de acumular riquezas del modo más rápido posible". (2).

V.2. La ley es de quien la crea. -

"Cuando el hombre arrebató u los dioses el poder de legislar, les arrebató iinli'M que una forma de justicia, un instrumento de control". (3). Y dicho control le permite hacer leyes y croar organismos para protegerse, claro que los hombres que menciona Carlos Villarba, los que arrebataron el poder de legislar, fue un grupo, que ha venido a utilizar dicho poder en su beneficio, y es así que Lola Aniyar de Castro afirma:" ... las reglas pertenecen a quienes las elaboran y a quienes asumen el papel de instigadores para su aplicación". (4).

Con el poder de legislar en sus manos, este grupo dominante, crea un manto de inmunidad, y desvía la atención de sus actos criminales, en contra de otra clase, la dominada, la sometida, la desposeída, y la estigmatizada, haciéndola creer que su vida será necesariamente la de delinquir.

Esta clase dominada acepta esta imposición estigmatizante, ya que ve claramente, que a través de su vida, necesita robar para subsistir, sin cuestionarse, el porqué su trabajo no le permite vivir humanamente y el porqué cada vez es más pobre y su patrón es más rico. No se ha dado cuenta que su situación socio-económica que le obliga en determinado momento a delinquir, es producto de actos criminales de la clase dominante, cuando se apropia a través de la "plus-valía" de su trabajo, cuando se beneficia de todos los créditos externos que llegan al país, y que después son gravados a su magra economía; cuando esta clase dominante, a través de su poder político-económico-administrativo, se apropia de los dineros destinados a obras públicas y ocasiona crisis económicas, como la que estamos viviendo actualmente. Todo esto debido a que poseen un poder económico, lo que le significa tener poder político, ya que "... el poder económico y el poder político-social, no son entidades aisladas: hay entre ellas una relación simbiótica". (5).

Lola Aniyar de Castro, analiza ese abuso de poder que describimos, afirmando que: "todo abuso de poder forma parte del mismo ejercicio del poder que se encuenda dentro de una formación social determinada y obedece a sus propios mecanismos". (6).

La clase dominante que es dueña del ordenamiento jurídico imperante, castiga severamente a sus adversarios, tipificando como delitos, determinados actos, y sometiendo al campo jurídico penal, a los que atentan contra su "propiedad privada", el investigador Agustín Fernández Albor, coincidiendo con lo anterior, afirma: "La clase dominante tipificó como delitos determinados actos, y castiga a quienes no respetan sus instituciones jurídicas. (7), siempre y cuando sean de la clase sometida.

Como la clase dominante, creadora y dueña del ordenamiento jurídico imperante, tiene que proteger sus actos, entonces se reviste de inmunidad, quedando en situación de privilegio, y se somete a jurisdicciones benignas como las administrativas y no así a las penales. Dicho de otro modo, "son el poder, el prestigio, la propiedad, ios que, en general, determinan el acceso a la protección contra la aplicación de las reglas penales" (8). Otro ejemplo claro de esta inmunidad contra el aprisionamiento que caracteriza al ordenamiento jurídico penal, son las Fuerzas Armadas, las que tienen su propio reglamento disciplinario, a los que se les impone, cuando cometen infracciones, sanciones específicamente militares. Podríamos seguir dando ejemplos múltiples de ". . .hombres de negocios y altos funcionarios de la burocracia del Estado, que se protegen con el estereotipo de buenos ciudadanos y con el poderío de su posición social, lo mismo que de los procedimientos de la justicia privada de las organizaciones a las que prestan servicio". (9), y antagónicamente, el ordenamiento jurídico penal, es aplicado a la clase oprimida, razón por la que las cárceles están llenas de personas de esta categoría, y es por eso que existen autores, que corroboran lo anterior, explican la presencia masiva de determinada clase social en los recintos carcelarios, afirmando que la respuesta ". . .radica en la forma desproporcionada (y por ende inmoral) en que los sistemas'legales y penales discriminan aplicando las penas y el control a los desposeídos, los pobres, los integrantes de grupos minoritarios, y en general, las clases inferiores". (10), socio-económicas desde luego.

Partiendo de lo anterior, las pocas dudas que queden, acerca del hecho que la delincuencia que sale de las estadísticas oficiales, es aquella que conviene a los dueños o impositores de la estructura económica-política-social vigente, se disiparán. Carlos Villalba dirá que esa delincuencia: "responde a una particular concepción del delito y del delincuente, siendo en cierto modo, un producto manufacturado por el interés de una parte de la sociedad", y complementará diciendo que, "la estadística delictiva oficial hace de promición del delincuente pobre". (11).

V.3. Los detenidos en las cárceles son presos políticos. -

Una vez que existe una clara y abierta lucha de clases, la cual es una acción política, y a partir de ésta, la clase dominante crea una estructura económica-político-social, con un ordenamiento jurídico que le da inmunidad, y que le permite perseguir y detener a la clase dominada, entonces, los prisioneros son detenidos políticos y no presos comunes.

Carlos Villalba sostiene que: "Si la justicia no es democrática, entonces es política: he aquí el problema más importante de la criminología". "En efecto —afirma más adelante— si los procesos sociales de formulación de la ley penal, de elaboración de las sentencias, y de acceso a las prisiones se encuentran sobornadas por el STATUS, entonces, LAS CARCELES NO ALBERGAN PRESOS COMUNES, SINO PRISIONEROS POLITICOS". (12).

Muchos dirán que existen diferencias entre los prisioneros políticos y los comunes, y estamos de acuerdo, pero la gran diferencia es que: LOS PRISIONEROS POLITICOS están conscientes de su condición de DETENIDOS POLITICOS, en cambio los PRISIONEROS COMUNES LO IGNORAN (13). Además existen un trato preferencial hacia los detenidos políticos, antagónico al recibido por el detenido común, pero es que el "status de unos y otros no es el mismo, ni el nivel de prestigio ni la formación cultural". (14).

V.4. La función estigmatizante de la Administración de Justicia y Policía.- Los principios jurídicos de generalidad de la ley y de igualdad de los hombres ante ésta, que se contemplan en nuestra Constitución Política, sólo "sirve de coartada", como afirma Carlos Villalba, para los encargados de aplicar la ley en forma no democrática.

La segregación como medio de control, fue elegido desde tiempos remotos por los detentadores de las normas jurídicas, los mismos que "vigilan que los procedimientos policiales se apliquen, pero con vigor atenuado en los casos de prisioneros que tienen gran posición de prestigio dentro de la estructura social". (15).

Es por esto que la administración de Justicia y la Policía, son los mejores instrumentos de segregación con que cuenta la clase dominante, y en cumplimiento de esta su función "la policía y los tribunales crean delincuentes", (16), ya que, fundamentalmente la Policía, en su función de seleccionadora social, dispone de todas sus facultades para decidir a quien arrestar, cuánto y por qué. En consecuencia "...la identificación de los delincuentes depende del éxito que ella tenga en su descubrimiento, detención y procesamiento..." (17). Corroborando lo anteriormente afirmado, Champan dice que "...la prisión no es más que el último eslabón del proceso interaccionista de la distribución diferencial de la inmunidad y de los procesos sociales de creación de la criminalidad". (18).

Carlos Villalba, afirma que: "La policía es un juez previo e informal, que falla a diario, y cuyas sentencias de casos no son acompañadas de solemnidad. Pese a ello, de sus decisiones ordinarias depende el futuro real de numerosos jóvenes y adultos, así como la creación de la dimensión estadística de la delincuencia.". (19). En otra parte de su obra "La Justicia Sobornada", Villalba afirma: "...hay evidencias suficientes, para sostener que el delito se reparte uniformemente entre las clases, y que si bien las estadísticas delictivas oficiales expresan una tendencia diferente, ello responde a la circunstancia de que el proceso de imposición de normas y de exclusión actúa como un filtro, dejando pasar hacia la cárcel, y estigmatizando, a los miembros de la clase socio-económicamente baja". (20). Por la estigmatización que sufre la clase dominada y oprimida, Jackson sostiene al respecto: "Si un negro nacido en Estados Unidos de Norteamérica, tiene la suerte de sobrepasar los 18 años, está destinado a considerar la prisión como un hecho inevitable de su vida". (21).

Es necesaria la aclaración respecto a los escasos ejemplos de los prisioneros, que al no haber podido evitar su reclusión con el soborno de su status, en el transcurso breve de su estadía en la prisión, comienza a diferenciarse del resto, ya que se les otorga el privilegio de tener celdas propias y unipersonales, dotadas de ventilación, televisor, living, etc., mientras que el resto, tiene que dormir junto a diez o veinte prisioneros EN EL PISO, con techos llenos de goteras, etc.

Agustín Fernández sostiene que: "La colectividad social ... si observa que la justicia no es igual para todos, pierde su confianza en ella". (22). Creemos que, como afirma el dicho popular: "Todo cae por su propio peso", así caerá la justicia no democrática, y para lograr dicho objetivo hay que trabajar.

V.5.- EJEMPLOS DE LO HASTA AHORA AFIRMADO. -

V.5.1. La Granja de Espejos.- El centro de reclusión de Espejos, llamado Granja de Rehabilitación, se encuentra a 35 Km. aproximadamente al Sur-oeste, de esta ciudad de Santa Cruz de la Sierra, en una extensión de 500 hectáreas, en donde se culitva la yuca, maíz, plátano, cítricos, pifia, arroz y otros. Además existe un criadero de cerdos, y tienen unas 15 o 20 cabezas de ganado vacuno. Con estos datos, cualquier persona diría que los allí recluidos no tienen problema de alimentación, pero se equivocan ya que toda la producción es consumida en la ciudad y se desconoce el destino de sus beneficios, pues nunca se rindió cuenta de ello. Por lo tanto los reclusos tienen un alto grado de desnutrición y anemia.

En dicho centro de reclusión, se encuentra 4 celdas, y ocupada una de ellas, como depósito de los productos cosechados.

Los allí recluidos, oscilan entre 90 a 120 personas. En el momento de nuestra encuesta, se encontraban 90 detenidos, ya que días antes, habían "dado de baja" a algunos de los mismos.

Los guardias que controlan dicha prisión, son 15, y por lo general, viven con sus familias en casitas de motacú. Estos guardias, las más de las veces, son enviados allí en calidad de castigados.

Las primeras visitas que realizamos, tenían como objetivo, preparar el cuestionario de una futura encuesta, la cual fue aprobada por el Gobernador de dicha prisión, y posteriormente realizamos la misma.

V.5.2. Los resultados de la encuesta.- El cuestionario que aparece en el Anexo 7, se aplicó a 90 detenidos, arrojando los resultados que analizaremos. Estos resultados respaldan lo que se sostiene en el presente trabajo y se verá claramente, la segregación clasista y no democrática de la ley, así como el papel preponderante que juegan los organismos encargados de aplicar estas leyes.

V.5.2.1. Edad.- En el cuadro Nº 1 se ve cláramente que en la edad productiva, de 17 a 29 años se encuentra el 76.6% del total de los recluidos. Además nos muestra, la edad en que con más frecuencia son detectados como delincuentes, es la de 17 a 21 años.

Otra observación, que fue fundamental para plantear un futuro recurso de Habeas Corpus, es la presencia de 8 menores de 16 años, es decir, la reclusión de inimputables jurídicamente en un rescinto carcelario, contraviniendo principios jurídicos universales e incorporados a nuestra Constitución Política, sobre la protección del menor.

V.5.2.2. Estado Civil.- El cuadro N° 2 nos muestra que el 65.5% son solteros, siguiéndole en orden descendente, un 22.2% de los que se encuentran en unión libre; los casados representan un 11.1% y los viudos el 1.1%. Esto es coherente con los datos acerca de la edad.

Los grupos de poder al seleccionar a los jóvenes con mayor frecuencia como delincuentes, lo hacen por deshacerse del grupo que es más proclive a cuestionar las normas imperantes; por otro lado tenemos a los casados **que** por sus responsabilidades, se conforman y adormecen.

V.5.2.3. Lugar de nacimiento.- Los cruceños (nacidos y criados en el Departamento de Santa Cruz) ocupan el primer lugar con un porcentaje de 51.1%, siguiéndole en orden descendente los cocliabambinos con 13.3%, después los paceños con 11.1%, haciendo un total de 75.5% entre los tres departamentos.

Las 3 ciudades más pobladas y que significan centros de atracción migratoria, sin posibilidades de incorporar a esta población al proceso productivo.

V.5.2.4. Escolaridad.- Aquí podemos comenzar a apreciar los indicadores de clase social, al unir a los mas analfabetos (7.7%), primaria incompleta (33.3%). primaria completa (7.7%), secundaria incompleta (35.5%) y, sólo escribe y lee (3.3%), hacen un total de 87.7%, comprendiendo a los que tienen un nivel de instrucción deficiente o nula; por otro lado tendríamos a un 12.2% que alcanza a: los que tienen la secundaria completa (10%) y los que pudieron llegar a la Universidad (2.2%).

Vemos pues claramente, que los porcentajes de los que pertenecen a la clase baja son elevados, y de esa manera se demuestra lo que se sostiene en el presente trabajo. Los seleccionados como delincuentes por los grupos de poder, pertenecen a la clase de los explotados.

V.5.2.5. Cursos impartidos en la Granja.- El porcentaje que arrojó la encuesta sobre los cursos impartidos en la Grania de "Rehabilitación" de Espejos, nos muestra que el 92.2% no ha recibido ninguna instrucción, el 5.5% se quedó en silencio y sólo el 2.2% respondió que sí, un si que significa (valga la aclaración) haber recibido charlas bíblicas.

Esto nos muestra la incapacidad de los grupos opresores, para rehabilitar a los "desviados", para poder enseñar un oficio con el que se "incorporan" a la sociedad. Nos muestra que estos grupos de poder, ni siquiera creen en sus propios estudios de la delincuencia, ya que los abandonan y olvidan, para que sus organismos dependientes y subordinados, a través del abuso, puedan explotarlos a su beneficio.

V.5.2.6. Normas urbanísticas del vecindario.- El 76.6% pertenece a la clase baja, el 12.2% a la zona rural, el 2.2% a la clase media, y un 2.2% a la clase alta.

Es necesario aclarar que el 2.2% que pertenece a la clase media, como también el 2.2% de los de la clase alta, son personas que el motivo de su ingreso es la drogadicción, y un 3.3% de estos (clase alta y media), fueron llevados por sus propios padres, por que se encontraron incapaces de resolver el problema del hijo.

V.5.2.7. Motivo de ingreso.- En el cuadro Nº' 8, veremos ln que los grupos dominantes persiguen.

El hurto y robo ocupan un primer lugar con el

85.5%; el 5.5% que están por calumnias (según declaraciones que se registran en la encuesta), son calumnias sobre robo; del 5.5% de los que están detenidos por drogadicción, un 2.2% es por que robó para comprar droga, o sea, que lo detuvieron por el robo y no por drogadicto. Resumiendo, vemos que un 93.3% se encuentran detenidos por atentar contra la propiedad privada.

Aquí cabe la afirmación de los investigadores Taylor, Walton y Young ". . .el rasgo más imDortante de ias estadísticas oficiales consiste en que demuestran lo aue debería ser obvio: a saber: que en una sociedad no equitativa, el delito se refiere a la propiedad (v que incluso diversos delitos contra las personas se cometen a menudo en procura de la obtención de la propiedad)". (23).

V.5.2.8. Situación económica - El 94.4% opina que tiene una mala situación económica, el 2.2% cataloga su situación como regular, porcentaje igual *(2.2%)* a los que la catalogan como buena. Estos datos confirman el hecho de oue la población penitenciaria se nutre de los miembros de la clase socio-económicamente débil.

Si no analizáramos las causas de la delincuencia, como lo hemos hecho a través del presenta trabajo, al ver los resultados oue estamos analizando, diríamos que *a pobreza v marginalidad son las causas de la delincuencia, afirmación muv corriente entre los investigadores al servicio de los gruoos dominantes, va oue ". . .el científico social arranca siempre de ios datos tal como los internretan los imoositores de reglas, va oue cuando él se dispone a iniciar su labor de reconstrucción v análisis, la escena se encuentra va d°1 todo montada" (24). v a raíz de esto, es que "la estadística delictiva oficial hace de promoción del delincuente pobre". (25) ayudando a la estigmatización de los grupos oprimidos.

V.5.2.9. La vivienda oue posee.- El 53.3% vive en casa alquilada, el 13.3% lo hace en casa prestada, el 3.3% vive en casa tomada en anticrétjco. el 2.2% vive en la calle y el 26.6% oosee vivienda propia.

Estos datos vienen a reforzar lo antes afirmado sobre la clase a la que pertenecen.

V.5.2.10 Ocupación-- Al analizar el cuadro N* 11 vemos que hay una representación excesiva de la clase trabajadora, quedando claro que el proceso de criminalización, por parte de los grupos dominantes, está relacionada con la condición de trabajadores y la carencia de propiedad, como se verá en los cuadros expuestos posteriormente.

V.5.2.11. Evolución delictiva. -

Los que han sido sometidos a prisión por primera vez, representan el 44.4%, y los que están por segunda o más veces en prisión, son el 42.2%, y los que se negaron a contestar hacen un 13.3%, debiendo aclararse que los que no contestaron lo hicieron por vergüenza a decir que son reincidentes.

Estamos observando que existe un alto porcentaie de reincidentes, de personas que supuestamente se le aplicó los métodos de rehabilitación, pero que vuelven a sus antiguas ocupaciones. Nos preguntamos: ¿por qué?; la respuesta nos la da Lola Aniyar de Castro, al afirmar: "La realidad de años y millones de dólares invertidos en fórmulas de tratamiento ha fracasado. Ha fracasado, se dice porque los índices de reincidencia continúan siendo importantes, aún a pesar de las compleias técnicas utilizadas y ha fracasado, siempre entre comillas, porque el tratamiento ha incidido sólo sobre el hombre, no sobre las estructuras, no sobre los intereses, no sobre la reacción social, no sobre el ejercicio del poder". (26).

V.5.2.12. Condición legal.- La condición legal indica el estado jurídico de los prisioneros, siendo las posibilidades las siguientes: sumario, plenario, sentencia y sólo denuncia.

El 20% indicó que se encuentra en prisión oor denuncia formulada en su contra, lo que motivó que la policía civil lo arreste. El 80% no sabe cuál es su situación jurídica, y eso tiene una explicación, la cual es que todos, el 100% de los prisioneros, no tienen juicio instaurado v que un 15.5% fue apresado cuando transitaba por las calles y la policía en una de sus batidas lo apresó y lo envió a la prisión.

Aquí vemos claramente como actúa la policía, la que no reconoce a los tribunales impuestos por los grupos de poder, y haciendo de juez, arresta a los que se le ocurre v los somete a las penas que ellos mismos imponen (la policía). Es por esto que nos atrevemos a decir que "la sociedad posee más jueces que los que figuran solamente inscritos en sus libros de juramentación" (27). Pero esto no es porque sí, este efecto tiene su causa, y consiste en que las tensiones que se viven en determinados momentos, dan lugar a que se busquen culpables para bajar la tensión, es así como sostiene Champan al expresar: "...el estereotipo del delincuente está ligado a su propia función social, cual es la de dirigir tensiones sociales hacia el delincuente. Entonces, este se convierte en el Chivo expiatorio, en el objeto desculpabilizante de los no delincuentes". (28).

La policía muestra su verdadera cara de represor* a los débiles socio-económicamente y, "...se manifiesta al desnudo y con descaro la intensión de ejercer poder a través de la fuerza física", convirtiéndose la prisión en "... un sistema totalitario enclavado dentro de una matriz democrática..." (29).

V.5.2.13.- Número de prisioneros que habitan una celda. -

El cuadro Nº 21 nos muestra que existen 4 celdas. en las que se encuentran de 22 prisioneros en cada celda, y 24 prisioneros en la 4ta. celda. Pero cuando en una de las celdas se deposita el arroz cosechado, u otro producto, entonces los que estaban en dicha celda se reparten en las tres celdas restantes. Imaginémosnos el grado de promiscuidad existente. Los resultados se ven en las enfermedades venéreas que tiene un porcentaje considerable de los allí recluidos.

V.5.2.14 Trabajo que realizan en el recinto.-
El cuadro Nº 22 nos señala que el principal trabajo que se realiza es la agricultura, dedicándose a dicho trabajo el 74.4% de los recluidos y un 11.1% a la albañilería.

Lo indignante es que el trabajo no es remunerado, contraviniendo con todas las disposiciones legales vigente; ni siquiera los presos se benefician con el producto de su trabajo. Pareciera que la historia ha retrocedido.

V.5.2.15. Consumo de droga.-
El cuadro N" 24 nos señala que un 24.4% de los recluidos consumen droga, mientras que un 72.2% afirman no consumir, y el 3.3% no responde.

El cuadro N* 25 indica que el pitillo-base es el tipo de droga más consumido, en un 17,7%. Le sigue la marihuana con el 5.5% y los que consumen cocaína, es sólo el 1.1% de los recluidos.

El dato importante lo señala el cuadro Nº 26, al señalar que un 4.4% comenzó a consumir droga en la prisión, lo que viene a fortalecer lo antes afirmado, de que la "rehabilitación" es una farsa.

V.5.2.16. Relacion sexual.- Un 2.2% de los prisioneros afirma tener relaciones sexuales con personas del mismo sexo estando en prisión. Por informaciones de los detenidos y algunos guardias, nos enteramos de que las relaciones sexuales entre los recluidos son comunes.

V.5.2.17. Otras consideraciones.- Se han analizado las principales gráficas, otras sólo se las incorporan para dar una visión más amplia de los recluidos en la Granja de Espejos, los que de igual forma confirma todo lo sostenido en e! presente trabajo.

V.5.3. Recurso de Hsbeas Corpus.- A raíz de todos los datos que se obtuvieron en la encuesta, se planteó el recurso de Habeas Corpus, el que se encuentra en el Anexo Nº 4, habiéndose interpuesto ante la Corte Superior del Distrito.

La fundamentación (Anexo Nº 5) se hizo en base a principios jurídicos contemplados en la Declaración Universal de los Derechos del Hombre, incorporados a la Constitución Política vigente, como ser: la presunción de inocencia mientras no se pruebe su culpabilidad; la prohibición a sufrir pena alguna sin ser oído y juzgado en proceso legal, y otros.

V.5.3.1. La defensa de los recurridos.- La Guardia Nacional de Seguridad Pública, Distrito Santa Cruz y su organismo dependiente la Dirección de Criminalística, fundamentaron su actitud, después de haber insultado a los recurrentes, basando su labor en una ley de 11 de noviembre de 1386 y el Decreto Supremo Nº 06406 de 22 de marzo de 1963.

Los artículos 31 y 32 de la vetusta ley de 1886 califica a determinadas personas como vagos y malentretenidos. Veamos:

Art. 31.- Se consideran vagos:

1. — A los que carecen de domicilio conocido,

2. — A los que no tienen oficio, profesión, renta, sueldo, ocupación o bienes con que vivir.
3. — A los ebrios consuetudinarios.
4. — A los que piden limosna sin ser pobres mendicantes calificados por la municipalidad.

Art. 32.- Son malentretenidos:
1. — Los que concurren diariamente a casas de juegos o de embriaguez.
2. — Los que viven de fraudes, engaños, hurtos, rateros o de fomentar a los ladrones y tramposos.
3. — Los que se ocupan de corromper a hijos de familia, domésticos o dependientes.
4. — Los que viven habitualmente de comercio inmoral o escandaloso.
5. — Los que se titulan adivinos o hechiceros.

Los artículos 33, 34 y 35 de la misma ley de 1886, regula el procedimiento para la calificación de vagos y malentretenidos con su respectiva sanción; en el D.S. N" 06406, a partir del artículo 9 y siguientes se establece el procedimiento, en el cual los juzgados de policía someten la denuncia a un proceso rápido.

Estos procedimientos de leyes derogadas, razón por la que no están vigentes, no fueron cumplidos por la institución policial, o sea que, ni las disposiciones en que se sostienen para enviar arbitraria o ilegalmente a los detenidos a la Granja de Espejos, no son cumplidas.

Se les demostró a los recurridos que su base legal, no tenía vigencia a partir de la promulgación de la Constitución Política de 1967, en base a la cual estaba planteado el Recurso de Habeas Corpus en beneficio de los detenidos en Espejos.

Los recurridos sostuvieron que los detenidos "deberían estar agradecidos", ya que se los está rehabilitando, se les está enseñando un oficio para poder integrarse a la sociedad, en otras palabras, se les está haciendo un favor (se ha visto por las gráficas que esto no es cierto). Como respuesta a lo anterior, Villalba sostiene que "...la institución (la policía) contribuye con los objetivos de los impositores, haciéndoles creer, a los desviados, que su encierro se basa en un deseo fundamental de ayudarlos, de devolverlos a la sociedad, mejor. Al castigo se lo coloca por esta vez en la curiosa situación de agradecer el castigo que se le causa" (30), afirmando además que: "...toda política de defensa social, en el fondo, es una política privada al servicio de aquellos grupos que poseen la capacidad de imponer sus normas". (30); aunque por lo general, trasgreden las normas que les favorecen y que fueron impuestas por ellos mismos.

La Corte Superior del Distrito emitió el Fallo que se encuentra en el Anexo N° 6.

V.5.4. El caso del Universitario Félix Guzmán Peinado. -

Uno de los 365 días que acabaron con el año 1981, unos cuantos jovencitos "bien", de "buena familia", acabaron con un universitario "humilde" y pobre.

V.5.4.1. El Hecho.- El universitario Félix Guzmán Peinado juntamente con su novia y dos parejas más de amigos, regresando del cine, cruzaban la calle 21 de Mayo, entre las calles Buenos Aires y Seoane, en ese momento sintieron que un auto tocó con insistencia la bocina y del interior del mismo alguien gritó: "apartarse carajo"; uno de los tres muchachos que cruzaban la calle respondió: "cuidado pendejo"; en ese momento paró en seco el auto y bajaron tres jóvenes y detrás de ellos pararon dos autos más, descendiendo de cada auto 3 jóvenes más, haciendo un total de 9 muchachos. Cuando una de las chicas, que acompañaban a los que cruzaban la calle, se adelantó a dar una explicación a los que descendieron de los autos, recibió un puñete en la cara, lo que dió inicio a una pelea desigual, ya que eran 9 contra 3, o sea que, 3 de los que descendieron de los automóviles agredían a uno de los que cruzaban la calle. Después de unos instantes de ir y venir de golpes, Félix Guzmán Peinado, universitario, empleado de la casa "Fidalga" (ubicada en la calle Suárez Arana, frente al diario "El Deber"), caía fuertemente al enlosetado, para sólo ser levantado y colocado en su ataúd.

V.5.4.2. Algunas consideraciones.- Esos 9 jóvenes que descendieron de los 3 autos, comprendidos entre los 17 y 19 años, en el momento del suceso por supuesto, todos bachilleres, egresados de colegios particulares, socio-económicamente considerados como de "clase media y alta", sin rasgos lombrosianos, es más físicamente "bien parecidos", sin deformaciones genéticas, con padre y madre todos ellos; en resumen, no reúnen las características del criminal que señalan las direcciones criminológicas

clásicas u ortodoxas. Ellos, (los 9), después del hecho desaparecieron de la ciudad, ya que sus papás los enviaron a unos a los Estados Unidos de Norteamérica, a otros al Brasil y otros a sus haciendas, de "vacaciones". Mientras que los papás buscaban a un abogado de "prestigio" para que defienda a sus niños; falsificaban certificados de nacimientos, por sugerencia del abogado de prestigio por supuesto, haciéndolos aparecer con una edad menor a los 16 años, p sea, como inimputables, aunque para su desgracia fueron descubiertos.

Después de un tiempo, todo se calmó, todos los viajeros regresaron y siguieron en las mismas actividades de siempre, seguros de que nada les sucedería por la inmunidad que tienen, inmunidad que comenzaron a disfrutar desde la escuela, como afirma Champan al decir: "Desde la infancia, los miembros de las clases medias y superiores disfrutan de una cierta inmunidad en las escuelas" (32), agregando que ".... la escuela privada es uno de los mejores ejemplos de la repartición desigual de la inmunidad". (33).

La inimputabilidad que pretendería alegar el abogado de "prestigio" con los certificados de nacimiento fraguados, no es válida cuando no se interpone el soborno del Status. Esto lo hemos visto claramente en el caso de los recluidos en la Granja de Espejos, donde se encontraban 8 menores de 16 años, y también lo vemos a diario cuando encierran en cárceles a los llamados "palominos", los que se comprenden en una edad menor a los 14 años y mayor a los 11 años.

NOTAS

(1) Rousseau, Juan Jacobo. "El Discurso sobre las Desigualdades", Ed. Porrúa, México 1975.
(2) Ian Taylor, Paul Walton y Jock Young. "Criminología Critica", Ed. Siglo XXI, México 1977, Pág. 58.
(3) Villalba, Carios. "La Justicia sobornada", Ed. Trillas. México, 1978. Pág. 84.
(4) Aniyar de Castro, Lola. "El proceso de criminalización", en, Capítulo criminológico 1. Organo del Centro de Investigaciones criminales de la Universidad de Zulia, Venezuela. Pág. 71.
(5) Aniyar de Castro, Lola, cit. por Angela Vasquez Hernandez,

én: "Formas y dimensiones Nacionales y Transnacionales de la Criminalidad Económica". Proyecto Exploratorio. Mimeografiado. Montreal 1979. Pág. 50.

(6) Idem. Pág. 50.

(7) Fernández Albor, Agustin. "Estudios sobre Criminalidad Económica". Ed. Bosch. España 1978. Pág. 92.

(8) Champan, Denis. cit por J. Enrique Castillo B. en: "Becker y Champan: criminólogos Inter accionistas". I.L.A.N.U.D. Costa Rica, 1980. Pág. 52.

(9) Idem. Pág. 55.

(10) Taylor, Walton y Young, ob. cit. Pág. 57.

(11) Villalba, Carlos Ob. Cit. Pág. 59.

(12) Idem. Pág. 5.

(13) Idem. Pág. 5.

(14) Idem. Pág. 12.

(15) Idem. Pág. 15.

(16) Idem. Pág. 16.

(17) Idem. Pág. 57.

(18) Champan, Denis. Cit. por J. Enrique Castillo. Ob. Cit. Pág. 62.

(19) Villalba, Carlos, Ob. Cit Pág. 75.

(20) Idem. Pág. 49.

(21) Jackson, George. Soledad Brother, "CARTAS DE PRISION", Monte Avila Editores. Barcelona-Caracas. 1971. Pág. 41.

(22) Fernández A., Agustin. Ob. Cit. Pág. 7.

(23) Taylor, Walton y Young. Ob. Cit. Pág. 58.

(24) Villalba, Carlos. Ob. Cit. Pág. 10.

(25) Idem. Pág. 59.

(26) Aniyar de Castro, Lola. "Conocimiento y orden social: Criminología como Legitimación y Criminología como Liberación. Editado por la Universidad de Zulia. Venezuela. Pág. 17.

(27) Villalba, Carlos. Ob. Cit Pág. 76.

(28) Champan, Denis. Cit. por J. Ewrique Castillo. Ob. Cit Pág. 61.

(29) Sykes, G.M. "El crimen y la Sociedad". Ed. Paidós. Argentina, 1961. Pág. 94.

(30) Villalba, Carlos. Ob. Cit. Pág. 24.

(31) Idem. Pág. 9.

(32) Champan, Denis. Cit por J. Enrique Castillo. Ob. Cit 55.

(33) Idem. Pág. 56.

VI.- CONCLUSIONES Y PROPOSICIONES. –

VI.1. Conclusiones.- Por el carácter exploratorio del presente trabajo de investigación, habíamos partido de ciertas suposiciones con el objeto de cubrir dicho nivel exploratorio, las que se han pretendido confirmar a través de la investigación. Veremos dos clases de conclusiones; las primeras serán generales y que vienen a ser la demostración de las suposiciones Dlanteadas; y las conclusiones específicas del presente trabajo, las que comprenden la confirmación de las hipótesis planteadas.

VI.1.1. Conclusiones generales. -
   a) Nuestra sociedad está estratificada en clases y sectores sociales. Las clases se diferencian entre sí, por sus condiciones sociales, económicas y políticas, en dominantes y dominados; los sectores comprenden a aquellos grupos sociales citadas.
   b) La clase dominante, en colaboración de los sectores sociales que se le inclinan, mantienen una estructura económica (capitalista, atrasada, desigual y combinada), lo que les permite el control de las instituciones del Estado, de la cultura, del Derecho, la moral, la religión, etc., en resumen, de la ideología, sus causas y fundamentos. Uno de los medios de control es la lev, que la clase dominante en forma monopólica crea y aplica, pero que por lo general, por su gran incapacidad, la transgrede haciendo funcionar otros organismos de fuerza, que de igual manera la protegen. Uno de estos organismos es la policía, la cual mantiene una constante represión y plantea la supuesta "rehabilitación" mediante la prisión, a la clase dominada por supuesto.
   c) La propiedad privada es el germen de la delincuencia,

ya que da inicio a la diferenciación y posterior enfrentamiento de clases sociales, y a partir de ello, la clase dominante define al delincuente, con el objeto de la defensa de sus intereses y privilegios. Es por eso que en realidad no existen diferencias entre los delincuentes y los no delincuentes, lo que sí existe son diferencias de clases. Es así aue la clase dominante obtiene grados altos de inmunidad para la proclamación como delincuentes, y la misma clase, proclama como delincuente a los que atenían contra su propiedad privada, que viene a ser la clase dominada.

VI.1.2. Conclusiones específicas. -

a) Las escuelas tradicionales de la Criminología no explican la delincuencia económica o de "cuello blanco", es más, sólo explican la delincuencia de la clase dominada, atribuyéndole el origen de dicha delincuencia, a las deficiencias físicas, síquicas y económicas. Esto las convierte en concepciones clasistas y racistas, así como también en escuelas obsoletas y limitadas.

b) Nuestro ordenamiento jurídico no da la igualdad de oportunidades, tal cual lo proclama, ya que al ser creada por la clase dominante, sólo protege a ésta. Este mismo ordenamiento jurídico está basado en las corrientes Criminológicas tradicionales, de las que habíamos afirmado que son concepciones clasistas y racistas. Es por esto que nuestro ordenamiento jurídico penal se convierte en clasista y racista.

c) LA DELINCUENCIA ES UN PROBLEMA ESTRUCTURAL, ya que la estructura que nos regula, nos impone el valor: CUANTO TIENES, CUANTO VALES, provocando una carrera en busca de bienes materiales, llevando a unos a explotar a su prójimo, delinquir a través del Estado, etc. Para encubrir sus intereses, crean al "delincuente", al de la clase dominada, el que atenta contra la propiedad privada de la clase dominante, con el objeto de subsistir, estado al que ha llegado, gracias a los crímenes cometidos por la clase dominante.

d) Los delincuentes de "cuello blanco", pretenden acrecentar su poder económico, con el que obtienen poder político-administrativo, y asi poder ejercer un control social, manteniendo sus privilegios de clase,

VI.2. Proposiciones.- En las conclusiones afirmamos que el problema de la delincuencia es estructural, entonces su solución también es estructural.
Pero: ¿Cuál es el trabajo de los investigadores mientras no exista este cambio de estructura? y, sobre todo, ¿Cómo colaborar para que se realice dicho cambio?

Los interesados en este cambio tenemos dos trabajos específicos que realizar:
a) Desmistificar el proceso de la justicia y de la ley, demostrando que sólo protege a sus dueños y creadores, la clase y sectores dominantes.
b) Denunciar los delitos cometidos por la clase y sectores dominantes, para que la reacción social los proclame como delincuentes.

anexos

ANEXO 101.
       Presidencia de la República
       La Paz, 19 de junio de 1981
Señor General de Brigada
D. Celso Torrelio Villa
Ministro del Interior Justicia y Migración
Presente-
Señor Ministro:

   De los fondos destinados para la seguridad política de la Nación, se servirá entregar a los señores Generales, Jefes, y oficiales de la relación adjunta y en las cantidades indicadas, como premio a la lealtad demostrada al gobierno de Reconstrucción Nacional y a las FF.AA., una copia de los recibos firmados agradeceré entregar al Sr. Capitán Gonzalo Ovaindo Méndez.

   Gral. de Brigada Carlos Turdera Villa, Gnl. Tito Justiniano, Tcnl. Alberto Grobosky, Tcnl. Arturo Doria Medina Palacios, Tcnl. Jorge Pereira Rojas, Tcnl. Luis Cordero M., Cnl. Rómulo Mercado G., Cnl. Luis Kuramoto, Cnl. José Quiróz Antequera, Tcnl. Rolando Arzabe Claver, Tcnl. José Miguel Padilla Candia, Tcnl. Oscar Angulo Tornee, Cnl. Guido Vildoso C., Capitán Luis Coesío Viruez, a cada uno la suma de 100.000 dólares americanos.

   Coronel Faustino Rico Toro Herbas y Cnl. Carlos Rodrigo Lea Plaza a 200.000 dólares americanos a cada uno.

   Coronel Tito Justiniano, Cnl. Aroldo Pinto, Tcnl. Raúl González Fern, Coronel Yamil Taja Kruger, Tcnl. Walter Salame M., Tcnl. Moisés Shirique Be jarano y Tcnl. Javier Rodríguez Rivero, a cada uno con 50.000 dólares americanos.

   Al Capitán Roberto Nielson Reyes con la suma de 30.000 dólares americanos.

   Coau este motivo saludo al señor Ministro con mis atentas consideraciones.
       Gral. Div. Luis García Meza
       Presidente de la República - Bolivia

ANEXO 102.

Conste por el presente Documento Privado, el mismo que podrá ser elevado a la Categoría de Público con el simple reconocimien'to de firmas y rúbricas y, por el que los suscritos hemos convenido las cláusulas que se insertan a continuación:
PRIMERA.- Partes Contratantes- Las Fuerza.s Armadas de la Nación[1] representada por la Junta de Comandantes e integrada por el Gral. Div. Luis García Meza Tejada, Gral. Div. Waldo Bernal Pereira y el Vicealmirante Ramiro Terrazas Rodríguez, por una parte y el Gerente General de la Empresa "RUMY" Ltda. señor Liders Castedo López por la otra, con pleno poder especial No 382/80
suscrito por ante la Notaría de Orestes Arnés Ardaya de la ciudad de Santa Cruz en 26 de mayo de 1980, con domicilio en calle Abapó N<? 136 de aquella ciudad, con Carnet de Identidad N9 1483939 SC.
y hábil por derecho, convienen y suscriben el presente documento de constitución de sociedad temporal que tendrá vigencia hasta lal suscripción d® la correspondiente escritura de Sociedad Empresarial de conformidad al Código de Comercio.—
SEGUNDA- Que la Sociedad temporal entre la Junta de Comandantes y "RUMY[1]' LTDA. se dedicará a la exploración, explota, ción y comercialización de "Amatista", "Topario", 'Cristales de Roca", "Diamar.te Industrial", "Coridón" y otros yacimientos no ferrosos, que se ubican en el Tundo "La Gaiba" y sus adyacentes "Amay", "Victoria", "El Candado" y "San Juan[:J], jurisdicción de la provincia Angel Sandóval del Departamento de Santa Cruz en las condiciones y bajo las cláusulas estipuladas a cont'unuación.
TERCERA- Que la Empresa "RUMY" LTDA. con domicilio en calle Beni N<? 47 de la ciudad de Santa Cruz, se compromete instalar una fábrica moderna para la selección y beneficiado de cristales con asiento principal en la referida ciudad, la misma que coartará con los implementos requeridos para el afinamiento y cortado de granito, piedras preciosas y semi-preciosas, su exportación y comer-

tlalización en el mercado a los mejores precios de cotización actual.
CUARTA.- Que en zona estratégica de los Yacimientos de "La Gaiba" "RUMY" LTDA. se compromete en su primera fase instalar un Puesto Militar de vigilancia y supervisión, apto para diez personas con todas sus instalaciones, provisión de luz eléctrica, perforación de pozo de agua, pista de aterrizaje para aviones, con fondos propios y sin recargo alguno a la Junta.—
QUINTA.- Que en la presente Sociedad Mixta de exploración^ explotación y comercialización de los cristales antes mencionados */ los detectados posteriormente la "Junta de Comandantes" tendrá una participación del CINCUENTA POR CIENTO (50%) sobre el valor de las ventas, corriendo por cuenta de "RUMY" LTDA. todos los gastos de la extracción, beneficiado, cortado, seleccionado, trans-
porte interno y exterior de los cristales comercializables. materia del presente contrato. De su parte la Junta de Comandantes, protegerá a "RUMY" LTDA. en sus trabajos inherentes a la ubicación de mantos en la "La Gaiba" y sus adyacentes.—
SEXTA.- Que la "Junta de Comandantes" por Intermedio de su personal especializado ejercitará la tarea de control y supervisión de los volúmenes de exportación de los cristales ya sea en kilate o toneladas, cuya documentación facturada pasará por el control del personal asignado por la "Junta" para su venta *esn* el mercado mundial.—
SEPTIMA.- Para el caso de que "RUMY" LTDA. hiciera por su cuenta la exportación y comercialización de cualquier volumen de los cristales mencionados, previa la investigación y constatación del hecho, el presente contrato se declarará resuelto y vencido en todas sus cláusulas, pudiendo la Junta incautar los volúmenes actuales de producción sin necesidad de requerimiento judicial o extrajudicial
alguno.—
OCTAVA.- Que el tiempo de duración del presente contrato de Sociedad Mixta será por un año forzoso y un año voluntario, susceptible de ser renovado previo el acuerdo de partes.
NOVENA.- Las partes contratantes ya mencionadas en la Cláusula PRIMERA de éste Contrato, por estar de acuerdo con las Cláusulas precedentes, para su validez y constancia de las mismas, sus. criben en la ciudad de La Paz, a los ocho día$_s$ del mes de octubre de mil novecientos ochenta años.—

CRAL DIV. LUIS GARCIA MEZA TEJADA.
V. ALMITE. RAMIRO TERRAZAS RODRIGUEZ
GRAL. D.V. WALDO BERNAL PEREIRA.
    LIDERS CASTEDO LOPEZ
   GEMENTE GENERAL DE "RUMY" LTDA:

ANEXO 104.
El Mundo 31/12/81

EL CONTRATO DESDE EL PUNTO
DE VISTA DE RUMY LTDA.

Santa Cruz, 4 de abril 1981
EXCELENTISIMO SEÑOR PRESIDENTE DE LA REPUBLICA,
GRAL. DE DIV. DON LUIS GARCIA MEZA TEJADA.
La Paz.-
Ref: INFORME ACUMULATORIO DE "RUMY LTDA."
Excelentísimo señor:
    Siendo al paso y, a las diversas publicaciones de pronto aparecidas en los matutinos locales de esta ciudad; la Firma RUMY Ltda. como posible aludido y que Gerente, se ve en la necesidad y obligatoriedad de aclarar los siguientes puntos para su ilustrísimo conocimiento:
    A- Ratificando nuestro informes de labores de fecha 2/02/81, Rumy Ltda. es una Empresa ajustada legalmente en sus actividades con Sociedad Mixta con la Junta de comadantes con sus objetivos e intereses así como su creación es de conocimiento de las FF.AA.
    B- Jamás Rumy Ltda., ha explotado ilícitamente ú en forma dolosa el área que se le ha concedido; más bien todos sus pasos han sido fiscalizados por el Reg. Castrillo 6to. de Caballería, asentado en Puerto Suárez y Comandado por el Coronel Mesías y do. Comandante Capitán Guillermo Mealla Lea Plaza.
    No cabe duda de que, bajo estas publicaciones periodísticas se esconden personas con el propósito de enlodar la imagen de las F.F.AA. y a Rumy Ltda.
    MARASOL — ONIX — GRANITOS — PIEDRAS Como Empresa legalmente constituida Rumy Ltda., se ha abocado estrictamente a los términos del contrato en cuanto a sus derechos y obligaciones, ejecutando todas las obras que les han si-

do encomendadas con el propósito de concluirlas al más breve plazo.

C- Como norma establecida, me es grato informar a su excelencia de que nuestra extracción se mantiene inalterable e invariable al informe de labores desempeñados hasta el 2/02 del año en curso, vale decir que las cantidades permanecen' firmes, tal como indica el punto 3 del citado informe. Sin embargo hemos incrementado esas cantidades, conforme el siguiente detalle:

188 kilos piedra amatista de Ira.
190 kilos piedra amatista de 2da.
384 kilos piedra amatista de 3ra.

Estos volúmenes, se encuentran depositados en las instalaciones de Rumy que posee en esta ciudad.

Tal como norma nuestra contrato y, con las formalidades de rigor, como ser la fiscalización por parte del encargado respectivo, adjuntamos a su excelencia, recibos de las cantidades que hemos entregado en calidad de venta, que serían las primeras transacciones comerciales que Rumy ha desarrollado, hasta la fecha.

A la espera de haber satisfecho sus inquietudes, se despide de usted, muy cordialmente.

Fdo. GERENTE GENERAL "Rumy Ltda".
-C/Pa.

ANEXO N° 4
SEÑOR PRESIDENTE Y V.V. DE S.R. LA CORTE SUPERIOR
DE JUSTICIA.
HABEAS CORPUS.
ALEJANDRO COLANZI ZEBALLOS, mayor de edad, egresado de la Facultad de Derecho, domiciliado en esta ciudad, tenedor del C.I. No 1985120 S.C., hábil por derecho, ante Ud. con respeto digo:

Las personas cuyos nombres figuran en el anexo que en fs. 1 a 2 acompaño, se encuentran ilegalmente detenidos, en la mal llamada "GRANJA DE REHABILITACION DE ESPEJOS", ubicada a 42 kilómetros de nuestra ciudad; los mismos que están acusados de ser "delincuentes prontuariados y peligrosos para la sociedad". El tiempo de detención, de todos ellos, excede superabundantemente los términos establecidos por la Constitución Política del Estado y demás leyes vigentes, y sin que hasta la fecha se los haya remitido a los tribunales de justicia, donde puedan- ejercitar su sagrado e inviolable derecho a la defensa, reconocido por la Declaración Universal de los Derechos del Hombre y elevado en nuestro país a rango constitucional.

Es por eso que recurro ante este alto Tribunal, a nombre de las personas indicadas, eni resguardo del derecho irrestricto de defensa que asiste a toda persona y por constituir este hecho una práctica indebida de detención y reclusión de hecho, que constituye un atentado contra la libertad personal; por lo que amparados por el Art. 16 de nuestra Constitución Política que establece que: "nadie puede ser condenado a pena alguna sin haber sido oído y juzgado previamente en proceso legal; ni la sufrirá si no ha sido impuesta por sentencia ejecutoriada y por autoridad competente", y lo dispuesto por el Art 18 de la misma norma fundamnetal, planteo el RECURSO DE HABEAS CORPUS contra el Director Departamental de Criminalística, Tcnl. Jaime Céspedes, mayor de edad y con domicilio en la calle Colón N9 371, y contra el Gobernador de la Granja de Rehabilitación de Espejos, Mayor Luis Camacht) Antezana, mayor de edad, con domicilio an la Calle Independencia, oficinas del Comando Departamental de la Policía Boliviana, dehiendo señalarse día y hora para la audiencia pública, donde se declare procedente el Recurso y se ordene la inmediata libertad de los detenidos .arriba mencionados.

Otrosí.- Señalo por domicilio la Secretaría de Cámara de S.R.
La Corte Superior.
Santa Cruz de la Sierra, marzo 26 de 1984.
Fdo. Marco Antonio Peredo Mercado. Abogado.
Fdo. Alejandro Colanzi Zeballos. Recurrente.

ANEXO N» 5-
SEÑOR PRESIDENTE Y V.V. DE S.R. LA CORTE SUPERIOR.
FUNDAMENTACION DEL HABEAS CORPUS INTERPUESTO.
ALEJANDRO COLANZI ZEJBALLOS, en el recurso de Habeas Corpus interpuesto contra el Director de Criminalística y el Gobernador de la Granja de Rehabilitación de Espejos, ante las consideraciones de este tribunal, con respeto digo:

Como hombre de derecho y viviendo muestro país un proceso democrático, donde no sólo hemos de gozar de un estado de derecho formal, sino que, es necesario cristalizar la esperanza del pueblo boliviano, de hacer realidad el pleno goce de las libertades e igualdades de todos los ciudadanos.

Nos hacemos presentes ante este Ilustre Tribunal, para fundamentar el Recurso de Corpus, que hemos tnido a bien presentar.

Este Recurso de Habeas Corpus que se ha dado lectura, merece en principio una interpretación común y corriente, acaso si es mal interpretado, puede tener apariencia inconsistente, y, hasta puede dar lugar a la calificación apriorística de improcedente e infundado. Esto no es cierto. Por el contrario, tiene alcances insoslayables, coloca a este respetable Tribunal en posición de defender el principio institucional del derecho y la justicia, aplicando, como es su deber, la Constitución Política del Estado, como Ley fundamental dentro del régimen de derecho en el cual vive el país.

Se pide en el Recurso, ¡roñares Magistrados, la libertad de personas detenidas indebidamente, sin proceso o juicio alguno. Quizás, sean personas que hayan infringido la ley, pero, el ordenamiento legal previene para esos casos, someter al infractor a un proceso judicial previo para establecer su responsabilidad y si el caso corresponde sobrevendrá recién, la sanción penal correspondiente.

Antes de continuar, permítaseme invocar y poner en tela de juicio y, exigir la aplicación estricta de la norma, contenida en ol título segundo de la parte primera, de la Constitución Política del Jetado, que se refiere, a GARANTIAS DE LAS PERSOGAS,

El Art 9 textualmente dice: "NADIE PUEDE SER DETENIDO, ARRESTADO NI PUESTO EN PRISION, SINO EN LOS CASOS Y SEGUN LAS FORMAS ESTABLECIDAS POR LEY, REQUL RIENDOSE PARA LA EJECUCION DEL RESPECTIVO MANDAMIENTO, QUE ESTE EMANE DE AUTORIDAD COMPETENTE Y SEA INTIMADO POR ESCRITO".

El Art. 10 contempla lo siguiente: 'TODO DELINCUENTE IN FRAGRANTI PUEDE SER APREHENDIDO, POR CUALQUIER PERSONA, PARA EL UNICO OBJETO DE SER CONDUCIDO ANTE LA AUTORIDAD O JUEZ COMPETENTE, QUIEN DEBERA TOMARLE SU DECLARACION EN EL PLAZO MAXIMO DE 24 HORAS".

El Art- H previene sobre las funciones de las autoridades encargados de los centros de reclusión, cuando establece: "LOS ENCARGADOS DE LAS PRISIONES NO RECIBIRAN A NADIE COMO DETENIDO, ARRESTADO O PRESO SIN COPIAR EN SU REGISTRO EL MANDAMIENTO CORRESPONDIENTE. PODRA, SIN EMBARGO, RECIBIR EN EL RECINTO DE LA PRISION A LOS CONDUCIDOS, CON EL OBJETO DE SER PRESENTADOS, CUANDO MAS, DENTRO DE LAS VEINTICUATRO HORAS, AL JUEZ COMPETENTE".

En el Art. 16 de la pre-citada Carta Fundamental, ge establece como una presunción de derecho de carácter universal, reconocida por la Declaración Universal de los Derechos Humanos, cuando establece: "SE PRESUME LA INOCENCIA DEL ENCAUSADO MIENTRAS NO SE PRUEBE SU CULPABILIDAD. EL DERECHO DE DEFENSA DE LA PERSONA EN JUICIO ES INVIOLABLE- DESDE EL MOMENTO DE SU DETENCION O APRESAMIENTO, LOS DETENIDOS TIENEN EL DERECHO A SER ASISTIDOS POR UN DEFENSOR, NADIE PUEDE SER CONDENADO A PENA ALGUNA SIN HABER SIDO OIDO Y JUZGADO PREVIAMENTE EN PROCESO LEGAL, NI LA SUFRIRAN SI NO HA SIDO IMPUESTA POR SENTENCIA EJECUTORIADA Y POR AUTORIDAD COMPOTENTE". Disposición de nuestra Carta Magna que es concordante con lo dispuesto por el Art. 70 de nuestra ley penal sustantiva.

Enunciamos estos preceptos constitucionales, que vengo a exigir sean debidamente aplicados por este Tribunal de Derecho, *me* permito entrar en detalle sobre la materia que ha originado el planteamiento del presente HABEAS CORPUS.

La llamada GRANJA DE REHABILITACION DE ESPEJOS, fue creada en el año 1967, fecha desde que viene funcionando, con la finalidad, suponemos, de albergar a todos aquellos que hubiesen sido condenados por la comisión de un hecho delictivo, y con el fin de que puedan obtener algún oficio o instrucción, con el objetivo de reeducarlos' y readaptarlos para que se reincorporen nuevamente a la sociedad.

La infraestructura con' que cuenta la Granja de Espejos, especialmente para los detenidos, consiste en cuatro celdas, de una construcción cuadrangular, donde viven, hacinados y con un alto grado de promiscuidad; 87 personas de las cuales 8 son menores de 16 años, es decir el 9.19% de la población recluida, 31 personas mayores de 16 años y menores de 21 años (el 35.63%), y las 48 personas restante, sobrepasan la edad de 21 años, constituyendo estos el 55% de todos detenidos.

Todas estas personas tienen un promedio de edad de 22 años, y casi en la totalidad están acusados de Robo y Hurtos menores.

En cuanto al tiempo de detención, este oscila desde los dos meses hasta los dieciocho meses, haciendo una media entre todos ellos de siete meses y siete dias. Algunos están por segunda y tercera vez, purgando esta pena de hecho.

Todas estas personas son remitidas por la Dirección Departamental de Criminalística, luego, según lo que afirman ellos a través de los medios de comunicación, de la evaluación y consideración final, y ser declarados "delincuentes prontuariados y peligrosos para la sociedad".

Sin embargo aquí se está violando también, lo establecido >or la Constitución Política del Estado, cuando establece en su Art. 14, que: "NADIE PUEDE SER JUZGADO POR COMISION ESPECIALES O SOMETIDO A OTROS JUECES QUE LOS DESIGNADOS CON ANTERIORIDAD AL HECHO DE LA CAUSA".

El trabajo agrícola que se realiza en la Granja no es remunerado. violando de esta manera lo normado por nuestra Carta Fundamental en su Art. 5 cuando dice que, todo trabajo tiene necesariamente que tener una justa retribución, concordante con el Art. 48 de nuestro Código Penal.

No vamos a entrar a realizar un análisis de los diferentes aspectos, como ser educación, tratamiento individualizado para la rehabilitación, atención médica, alimentación, higiene, condiciones infraestructurales, etc., que contemplan los modernos sistemas pe-
• niteniciarios, porque en este lugar, donde se ha degradado a los hombres de su condición de seres humanos, no los hay. t

Esta es la dolorosa realidad en que se debate la Granje de Espejos, en la tiranía más absoluta y la negación total de los Derechos del Hombre.

Quienes se encuentran allí recluidos, .son personas que han sido destinadas a ese lugair, totalmente insalubre, sin haber sido sometidos a un proceso, sin derecho a la defensa, cumpliendo penas que no han sido impuestas por la Autoridad competente, ni emanan de sentencia judicial.

La ejecución y aplicación de las leyes, en el caso que nos ocupa, esta librada a la acción de un organismo policial, quienes sin proceso, como hemos anotado anteriormente, envían a las personas para que cumplan una pena, que ellos mismos imponen, cuando mas bien, es atribución del poder judicial, encargados de esta acción social del Estado, cuyos órganos deben encargarse de aquella tarea, ya sea para resolver el imperio de ley, en casos de que esta haya sido violada o para reparar los daños de los bienes jurídicos, en caso de que hayan sido ledionados.

Atentas las consideraciones anteriormente expuestas, y amparados por los preceptos constitucionales que hemos enumerado anteriormente, se ha planteado el INTERDICTO ROMANO DE HOMINE LIBERO EXHIBENDO, actualmente contemplado en nuestra Carta Magna, como HABEAS CORPUS.

Antes de terminar, queremos que quede claro en la conciencia de los señores Magistrados, y de los ciudadanos todos, que no se malinterprete nuestro recurso, queremos dejar claramente establecido, que no buscamos la impunidad de las personas que han cometido algún hecho delictivo, sino, pedimos que se guarden las formalidades que la ley establece. De lo contrario, de que servirían en nuetsro país las disposiciones de nuestra norma fundamental, sobre la cual se sientan las bases jurídicas, políticas y sociales del Estado Boliviano.

No podemos quedarnos callados, pues con el silencio, ante esta flagrante violación de los derechos humanos y los principios constitucionales, nos convertirían a todos en cómplices de las mismas.

Para terminar señores Magistrados: EL EJERCICIO DE LA LIBERTAD RECLAMA, A SU TURNO, CLARIDAD Y FIJEZA EN IJAS GARANTIAS CONSTITUCIONALES.

Provea S.R. de conformidad y será justicia.
Santa Cruz de la Sierra, marzo 30 de 1984.
Fdo. Alejandro Colanzi Zeballos. Recurrente.
Fdo. Marco Antonio Peredo Mercado. Abogado.

ANEXO N° 6
, a 4 de abril de 1984.

VISTOS: El recurso de Habeas Corpus interpuesto por Alejandro Colanzi Zeballos contra el Director de Criminalística y el Gobernador de la Granja de Rehabilitación; de "Espejos", dependientes de la Policía Nacional, lo expuesto por las partes, y

CONSIDERANDO: Que el recurrente en su demanda de fs. 4 sostiene que 87 personas se encuentran detenidas en la Granja de Rehabilitación de "Espejos", situada a 42 Kms. de esta ciudad, acusados de ser delincuentes proir.tuiariados y peligrosos para la sociedad y cuya detención excede superabundantemente lo.s término, establecidos por la Constitución Política del Estado y demás leyes vigentes que rigen la materia, sin que se los haya remitido a los tribunales de justicia donde puedan ejercitar sus derechos a la defensa, constituyendo, ello, una práctica indebida de detención y reclusión de hecho que atenta contra la libertad personal.

CONSIDERANDO: Que abierta la audiencia con la concurrencia de las partes, el Abogado del recurrente Dr. Marco A. Peredo Mercado, ratificó los términos de la demanda y la fundamentó señalando que de las 87 personas detenidas en* la Granja de Rehabili-
tación de "Espejos", 8 son menores de 16 años, 31 cuya edad es entre los 16 y 21 años y 48 que pasan de los 21 años acusados ae haber cometido delitos de robo y hurto menores, sin haber sido sometidos a los Tribunales señalados por ley ni condenados por estos, haciendo constar que no se busca con' el presente recurso la Impunidad de personas que han cometido algún hecho delictivo sino que se guarden las formalidades que la ley establece, como lo previsto en los Arts. 9, 10, 11, 14, y 16 de la Constitución Política del Estado.

CONSIDERANDO: Que la porte recurrida respondió a la demanda expresando que los detenidos -en la Granja de Rehabilitación de "Espejos" son antisociales y en algunos casos reincidentes cuya rehabilitación so procura on dicho centro; detención que se la cumple on virtud a lo previsto en la Ley Reglamentaria de la Policía de 11 de noviembre de 1886, habiéndose dictado, para cada CMO, la resolución respectiva de acuerdo a la disposición legal citada, en resguardo de la sociedad que se ve amenazada por la frecuencia delictiva que aumenta en forma alarmante;

CONSIDERANDO: Que lo establecido por el Art. 18 de la Constitución Política del Estado puede ser invocado por cualquier persona que se creyere estar indebida o ¡legalmente perseguida, detenida, procesada o presa .ocurriendo ante la autoridad correspondiente del ramo judicial para que se guarden las formalidades le- «alc*n, ya sea para ser puesto en libertad o a disposición de la autoridad llamada por ley;

Que las resoluciones dictadas por la Dirección Departamen. tal de Criminalística en los casos de las personas detenidas y remitidos a la Granja de Rehabilitación de Espejos[1], califican de fraude y hurto los hechos delictivos cometidos por dichas personas, figura delictiva que corresponde al campo del Código penal en sus Arts. 326 y 335 y su procesamiento a los Tribunales ordinarios en materia penal.

Que en el coso de auto, los antecedentes arrimados al proceso y lo expuesto por las partes, se evidencia que las personéis que se hallan detenidas en la Granja de Rehabilitación de "Espejos" no han sido sometidas a proceso por lo_s Tribunales de la Justicia Ordinaria ni tener el mandamiento correspondiente expedido por autoridad judicial como lo previenen los Arts. 11, 14, 16 y 228 de la Constitución Política del Estado y los Códigos sustantivos y adjetivos en materia penal, vigentes;

POR TANTO: La Sala Civil 2da. de la Corte Superior de Justicia en desacuerdo con lo requerido por el señor Fiscal de Partido en lo Civil, declara PROCEDENTE el recurso de Habeas Corpus de fs. 4 interpuesto por Alejandro Colanzi Zeballos en beneficio de los detenidos en la Granja de Rehabilitación de Espejos para que se guarden las formalidades legales, debiendo la Dirección de Criminalística y el Gobernador de la citada Granja, remitir a los tribunales llamados por ley, las Diligencias de Poiioía Judicial y los antecedentes de cada caso de las personas cuya relación nominal se indica en el documento de fs. 1.

Elévese en revisión al tribunal de la Excma. Corte Suprema de Justicia en el plazo que establece el Art- 767 del Código de Procedimiento Civil.

No interviene el Vocal de la Sala Civil Segunda Dr. Arnaldo Aratelo Barranco^ por encontrarse en uso de licencia.
Vocal relator: vocal Dr. Berthy Bascopé Anglarill.
Archívese copia.
Fdo. Dr. Adolfo Gandarilla Suárez. Vocal de Corte.
Fdo. Dr. Berthy Bascopé Anglarill. Vocal de Corte.
Fdo. Dr. Santiago Caballero Villarroel. Secretario de Cámara.

ANEXO N° 7

CUESTIONARIO APLICADO EN ENCUESTA EN GRANJA DE ESPEJOS.

CARACTERES GENERALES.-

1.— ¿Cuántos años cumplidos tiene usted?
   De 11 a 13   ( )
   De 14 a 16   ( )
   De 17 a 21   ( )
   De 22 a 24   ( )
   De 25 a 29   ( )
   De 30 a 34   ( )
   De 35 a 39   ( )
   De 40 a 44   ( )
   De 45 a 49   ( )
   De 50 a 54   ( )
   De 55 a 59   ( )
   De 60 a ..   ( )
   Sin respuesta   ( )

2.— ¿Cuál es su estado civil?
   Casado   ( )
   Soltero   ( )
   Viudo   ( )
   Separado   ( )
   Divorciado   ( )
   Unión Libre   ( )
   Sin respuesta   ( )

3.— ¿Cuál es su sexo?
   Masculino   ( )
   Femenino   ( )
   Sin respuesta   ( )

4.— ¿Dónde nació?
   Departamento ....
   Provincia ....
   Cantón ....

5.— **¿Dónde residía cuando lo detuvieron?**
   Departamento ....
   Provincia ....
   Cantón ....
6.— **¿Dónde residía con anterioridad a la detención?**
   Departamento ....
   Provincia ....
   Cantón ....
7.— **El lugar donde cometió el delito fue en:**
   Población pequeña   ( )
   Ciudad   ( )
   Campo abierto   ( )
8.— **¿Hasta qué grado o años de estudios llegó?**
   Analfabeta   ( )
   Primaria incompleta   ( )
   Primaria completa   ( )
   Secundaria incompleta   ( )
   Secundaria completa   ( )
   Estudios Universitarios   ( )
   Profesional Universitario ( )
   Profesional Técnico   ( )
   Sólo escribe y lee   ( )
   Sin respuesta   ( )
9.— **¿Ha asistido o asiste a algún curso dentro de la prisión?**
   Si   ( )
   No   ( )
   Sin respuesta
10.— **¿A Cuál?.-**
   R ....
11.— **¿Cómo considera su barrio, de acuerdo a normas urbanísticas?.-**
   De clase alta   ( )
   De clase media   ( )
   De clase baja   ( )
   Zona rural   ( )
   Sin respuesta   ( )
CARACTERISTICAS FAMILIARES
12.— **¿Tiene usted hijos?**
   Si   ( )
   No   ( )
   Sin respuesta   ( )
13.— **Número de hijos menores de 17 años.-**
   R. ....

14.— Número de hijos mayores de 17 años.-
R. ....
15.— Número de personas que habitan en su hogar.-
De 1 a 3 ( )
De 4 a 6 ( )
De 7 a 9 ( )
De 10 a 12 ( )
De 13 a 15 ( )
De 16 a 18 ( )
De 19 a ... ( )
Sin respuesta ( )
16.— La casa en donde usted vive es:
Propia ( )
Alquilada ( )
Prestada ( )
Anticrético ( )
Albergue Público ( )
No tiene donde vivir ( )
Sin respuesta ( )
17.— ¿De qué consta su vivienda?
Pieza con baño ( )
Pieza sin baño ( )
Dos piezas ( )
Tres piezas ( )
Más de tres ( )
Sin respuesta ( )

SITUACION SOCIO-ECONOMICA.-
18.— ¿Cuál era la ocupación que desempeñaba estando en libertad?.-
R. ....
19.— ¿Cuál era su salario mensual?.-
R. (especificando el mes y año del útimo salario)...
20.— ¿Cómo consideraba Ud. su situación económica?.-
Buena ( )
Regular ( )
Mala ( )
Sin respuesta ( )
21.— ¿Aportan otras personas al ingreso familiar?.-
Si ( )
No ( )
Sin respuesta ( )
22.— ¿Quién manejaba el presupuesto familiar?.-
El entrevistado ( )
El cónyuge ( )

El padre ( )
La madre ( )
El hijo ( )
La suegra ( )
Otro ( )
Sin respuesta ( )

23.— ¿Cómo ocupaba Ud. sus ratos libres cuando estaba en libertad?.-
R. ....

CARACTERISTICAS JURIDICAS.-

24.— ¿Cuál es el motivo de su ingreso?.-
R. ....

25.— ¿Dónde cometió el delito?.-
Departamento ....
Provincia ....
Cantón ....

26.— **¿Por su evolución delictiva, cómo se clasifica?.-**
Primario ( )
Reincidente ( )
Sin respuesta ( )

27.— **Por su condición legal, ¿en qué situación se enmarca?**
Sumario ( )
Plenario ( )
Sentencia ( )
Denuncia ( )
Sin respuesta ( )

28.— ¿Cuánto tiempo lleva detenido?.-
R. ....

29.— **¿En qué etapa del sistema penitenciario progresivo se encuentra?.-**
Máxima seguridad ( )
Media seguridad ( )
Mínima seguridad ( )
Colonia abierta ( )
Confianza amplia ( )
Sin respuesta ( )

30.— ¿Cuántos viven en su celda?.-
R. ....

31.— **¿Cuál es el trabajo que realiza durante la estancia en el recinto?.-**
R. ....

32.— ¿A cuánto asciende su condena? (sólo para sentenciados).-
R. ....

CONSUMO DE DROGAS, LICOR Y OTROS.-

33.— **Hoy en día mucha gente fuma pitillos o consume drogas, ¿lo ha hecho Ud.?.-**
   Si ( )
   No ( )
   Sin respuesta ( )

34.— **¿Cuál o cuáles ha consumido?.-**
   Marihuana ( )
   Hongos ( )
   L.S.D. ( )
   Pastillas ( )
   Morfina ( )
   Thiner ( )
   Cemento ( )
   Cocaína ( )
   Pitillo base ( )
   Varios ( )
   Sin respuesta ( )

35.— **¿Usted comenzó a fumar o consumir, estando detenido?.-**
   Si ( )
   No ( )
   Sin respuesta ( )

36.— **¿INGIEREE Ud. bebidas alcohólicas?.-**
   Si ( )
   No ( )
   Sin respuesta ( )

37.— **¿Ha tenido relaciones sexuales con personas del mismo sexo estando detenido?.-**
   Si ( )
   No ( )
   Sin respuesta ( )

FECHA DE ENTREVISTA ....

NOMBRE DEL ENTREVISTADOR ....

MUCHAS GRACIAS!!!

CUADROS DE LA ENCUESTA

NUMERO DE
CUADRO.

1. Distribución de internos según edades.
2. Distribución de internos según estado civil.
3. Distribución de internos según el sexo.
4. Distribución de internos según lugar de nacimiento.
5. Distribución de internos según el grado de escolaridad.
6. Distribución de internos según asistencia a cursos de formación dentro de la prisión.
7. Distribución de internos según el nivel del barrio donde vive.
8. Distribución de internos según el motivo de ingreso.
9. Distribución de internos según su situación económica.
10. Distribución de internos según la vivienda que posee.
11. Distribución de internos según el trabajo que desempeñaba estando en libertad.
12. Distribución* de internos según el lugar del delito.
13. Distribución de internos según la tenencia de hijos.
14. Distribución de internos según la edad de los hijos.
15. Distribuciónde internossegún el número de personas que habitan en su hogar.
16. Distribución de internos según la comodidad de su vivienda.
17. Distribución de internos según el manejo del presupuesto familiar.
18. Distribución de internos según la ocupación del tiempo libre cuando estaban en libertad.
19. Distribuciónde internossegún su evolución delictiva.
20. Distribuciónde internossegún su actual condición legal.
21. Distribución de internos según el número que habita en una celda.
22. Distribución de internos según el trabajo que realiza en la prisión.

23. Distribución de internos áégiín el cottocimieitvto del tiempo de su condena.
24. Distribución de internos según el consumo de droga.
25. Distribución de internos según la droga consumida.
26. Distribución de internos según el lugar inicial de consumo de droga.
27. Distribución de internos según la mantención de relaciones sexuales en prisión.

CUADRO No. 1

Distribución de Internos según edades

EDAD EN AÑOS	FRECUENCIA ABSOLUTA	FRECUENCIA RELATIVA	FRECUENCIA ACUMULADA
14 a 16	8	8.8%	8.8%
17 a 21	32	35.5	44.4
22 a 24	14	15.5	60.
25 a 29	23	25.5	85.5
30 a 34	6	6.5	92.2
35 a 39	5	5.5	97.7
45 a 49	2	2.2	100
TOTAL	90	100	

CUADRO No. 2

Distribución de Internos según estado civil

ESTADO CIVIL	FREC. ABSOLUTA	FREC. RELATIVA	FREC. ACUMULADA
Casados	10	11.1%	11.1%
Solteros	59	65.5	76.6
Viudo	1	1.1	77.7
Unión Libre	20	22.2	100
TOTAL	90	100	

CUADRO No. 3

Distribución de Internos según sexo

SEXO	FREC. ABSOLUTA	FREC. RELATIVA	FREC. ACUMULADA
Masculino	90	100%	100%
Femenino	......	......	......
Sin Respuesta	.....	......	......
TOTAL	90	100	100

CUADRO No. 4
Distribución de Internos según Departamento de Nacimiento

LUGAR DE NACIMIENTO	FREC. ABSOLUTA	FREC. RELATIVA	FREC. ACUMULADA
Santa Cruz	46	51.1%	51.1%
Beni	5	5.5	56.6
Pando	1	1.1	57.7
La Paz	10	11.1	68.8
Cochabamba	12	13.3	82.2
Oruro	3	3.1	85.5
Potosí	6	6.6	92.2
Chuquisaca	2	2.2	94.4
Tarija	4	4.4	98.8
Extranjero	1	1.1	100
TOTAL	90	100	

CUADRO No. 5
Distribución de Internos según grado de escolaridad

ESTADO CIVIL	FREC. ABSOLUTA	FREC. RELATIVA	FREC. ACUMULADA
Analfabeto	7	7.7%	7.7%
Primaria incompleta	30	33.3	41.1
Primaria completa	7	7.7	48.8
Secundaria incompleta	32	35.5	84.4
Secundaria completa	9	10	94.4
Estudios Universitarios	2	2.2	96.6
Solo escribe y lee	3	3.3	100
TOTAL	90	100	

CUADRO No. 6
Distribución de Internos según asistencia a cursos de Formación dentro de la prisión

SEXO	FREC. ABSOLUTA	FREC. RELATIVA	FREC. ACUMULADA
Si	2	2.2%	2.2%
No	83	92.2	94.4
Sin respuesta	5	5.5	100
TOTAL	90	100	

CUADRO N° 7

DISTRIBUCION DE INTERNOS SEGUN EL NIVEL DE BARRIO DONDE VIVE

Su vivienda se ubica en:	Frec. Absoluta	Frec. Relactiva	Frec. Acumulada
Clase alta	2	2.2%	2.2%
Clase media	2	2.2%	4.4%
Clase baja	69	76.6%	81.1%
Zona rural	11	12.2%	93.3%
Sin respuesta	6	6.6%	100.%
TOTAL	90	100.%	—

CUADRO N° 8

DISTRIBUCION DE INTERNOS SEGUN MOTIVO DE INGRESO

Motivo de ingreso	Frec. absoluta	Frec. relativa	Frec. Acumulada
Robo y hurto	77	85.5%	85.5%
Estafa	1	1.1%	86.6%
Drogadito	5	5.5%	92.2%
Calumnia	5	5.5%	97.7%
Giro de cheque	1	1.1%	98.8%
No sabe	1	1.1%	100.%
Total	90	100 %	—

CUADRO Nº 9

DISTRIBUCION DE INTERNOS SEGUN SU SITUACION ECONOMICA

Su situación Económica es:	Frec. absoluta	Frec. relativa	Frec. acumulada
Buena	2	2.2%	2.2%
Regular	2	2.2%	4.4%
Mala	85	94.4%	98.3%
Sin respuesta	1	1.1%	100. %
Total	90	100 %	

CUADRO Nº 10

DISTRIBUCION DE INTERNOS SEGUN LA VIVIENDA QUE POSEE

La vivienda es:	Frec. absoluta	Frec. relativa	Frec. acumulada
Alquilada	48	53.3%	53.3%
Propia	24	26.6%	80. %
Prestada	12	13.3%	93.3%
Anticrético	3	3.3%	96.6%
Albergue público	1	1.1%	97.7%
No tiene donde vivir	2	2.2%	100. %
Total	90	100 %	

CUADRO N° 11

DISTRIBUCION DE INTERNOS SEGUN EL TRABAJO QUE DESEMPEÑABAN ESTANDO EN LIBERTAD

Ocupación	Frec. absoluta	Frec. relativa %	Frec. acumulada %
Albañil	14	15.5%	15.5%
Carpintero	3	3.3%	18.8%
Mecánico	10	11.1%	30. %
Artesano	1	1.1%	31.1%
Secretario	1	1.1%	32.2%
Comerciante	2	2.2%	34.4%
Vaquero	1	1.1%	35.5%
Soldador	3	3.3%	38.8%
Panadero	1	1.1%	40. %
Zapatero	3	3.3%	43.3%
Profesor	1	1.1%	44.4%
Estudiante	4	4.4%	48.8%
Deportista	2	2.2%	51.1%
Lustrabotas	1	1.1%	52.2%
Procurador	1	1.1%	53.3%
Chofer	8	8.8%	62.2%
Empleado	2	2.2%	64.4%
Cargador	3	3.3%	67.7%
Pintor	1	1.1%	68.8%
Electricista	1	1.1%	70. %
Colectivero	2	2.2%	72.2%
Agricultor	2	2.2%	74.4%
Garzón	1	1.1%	75.5%
Sastre	1	1.1%	76.6%
Colchonero	1	1.1%	77.7%
Cocinero	1	1.1%	78.8%
Droga	1	1.1%	80. %
Robo	8	8.8%	88.8%
Ocupación varia	4	4.4%	93.3%
Resocupado	6	6.6%	100 %
Total	90	100 %	

CUADRO N° 12

DISTRIBUCION DE INTERNOS SEGUN EL LUGAR DEL DELITO

Lugar del delito	Frec. absoluta	Frec. relativa	Frec. acumulada
Población pequeña	8	8.8%	88 %
Ciudad	77	85.5%	94.4%
Campo abierto	2	2.2%	96.6%
Sin respuesta	3	3.3%	100 %
Total	90	100 %	

CUADRO N° 13

DISTRIBUCION DE INTERNOS SEGUN LA TENECIA DE LOS HIJOS

Tiene hijos	Frec. absoluta	Frec. relativa	Frec. acumulada
Si	35	38.8%	38.8%
No	50	55.5%	94.4%
Sin respuesta	5	5.5%	100 %
Total	90	100 %	

CUADRO N° 14

DISTRIBUCION DE INTERNOS SEGUN LA EDAD DE LOS HIJOS

Edad de hijos	Frec. absoluta	Frec. relativa	Frec. acumulada
Menores de 17 años	33	36.6%	36.6%
Mayores de 17 años	2	2.2%	38.8%
Sin respuesta	55	61.1%	100 %
Total	90	100 %	

CUADRO N° 15

DISTRIBUCION DE INTERNOS SEGUN NUMERO DE PERSONAS QUE HABITAN EN SU HOGAR

N° de personas	Frec. absoluta	Frec. relativa	Frec. acumulada
1 a 3	27	30 %	30 %
4 a 6	29	32.2%	62.2%
7 a 9	20	22.2%	84.4%
10 a 12	5	5.5%	90 %
13 a 15	3	3.3%	93.3%
19	1	1.1%	94.4%
Ninguna	1	1.1%	95.5%
Sin respuesta	4	4.4%	100 %
Total	90	100 %	

CUADRO N° 16

DISTRIBUCION DE INTERNOS SEGUN LA COMODIDAD DE SU VIVIENDA

Habitaciones	Frec. absoluta	Frec. relativa	Frec. acumulada
Pieza con baño	20	22.2%	22.2%
Pieza sin baño	7	7.7%	30 %
Dos piezas	13	14.4%	44.4%
Tres piezas	9	10 %	54.4%
Más de tres	40	44.4%	98.8%
Sin respuesta	1	1.1%	100 %
Total	90	100 %	

CUADRO N° 17

DISTRIBUCION DE INTERNOS SEGUN EL MANEJO DEL PRESUPUESTO FAMILIAR

Maneja el el presup.	Frec. absoluta	Frec. relativa	Frec. acumulada
El entrevistado	39	43.3%	43.3%
El cónyuge	7	7.7%	51.1%
El padre	22	24.4%	75.5%
La madre	11	12.2%	87.7%
El hijo	1	1.1%	88.8%
La suegra	1	1.1%	90 %
Otro	5	5.5%	95.5%
Sin respuesta	4	4.4%	100 %
Total	90	100 %	

CUADRO N° 18

DISTRIBUCION DE INTERNOS SEGUN OCUPACION DEL TIEMPO LIBRE CUANDO ESTABA EN LIBERTAD

Ocupación	Frec. absoluta	Frec. relativa	Frec. acumulada
Deportes	19	21.1%	21.1%
Leer	2	2.2%	23.3%
Cine	10	11.1%	34.4%
Bailar	2	2.2%	36.6%
Beber	8	8.8%	45.5%
Jugar cartas	1	1.1%	46.6%
Pintar	1	1.1%	47.7%
En casa	7	7.7%	55.5%
Drogarse	5	5.5%	61.1%
Pasear	11	12.2%	73.3%
Robar	13	14.4%	87.7%
Nada	7	7.7%	95.5%
Sin respuesta	4	4.4%	100 %
Total	90	100 %	

CUADRO Nº 19

DISTRIBUCION DE INTERNOS SEGUN SU EVOLUCION DELICTIVA

Evolución	Frec. absoluta	Frec. relativa	Frec. acumulada
Primario	40	44.4%	44.4%
Reincidente	38	42.2%	86.6%
Sin respuesta	12	13.3%	100 %
Total	90	100 %	

CUADRO Nº 20

DISTRIBUCION DE INTERNOS SEGUN SU ACTUAL CONDICION LEGAL

Condición legal	Frec. absoluta	Frec. relativa	Frec. acumulada
Denuncia	18	20 %	20 %
Sin respuesta	72	80 %	100 %
Total	90	100 %	

CUADRO Nº 21

DISTRIBUCION DE INTERNOS SEGUN EL NUMERO QUE HABITA EN UNA CELDA

Nº de interno	Frec. absoluta	Frec. relativa	Frec. acumulada
22 internos	22	24.4%	24.4%
22 internos	22	24.4%	48.8%
22 internos	22	24.4%	73.3%
24 internos	24	26.6%	100 %
Total	90	100 %	

CUADRO N° 22

DISTRIBUCION DE INTERNOS SEGUN EL TRABAJO QUE REALIZA EN LA PRISION

Trabajo	Frec. absoluta	Frec. relativa	Frec. acumulada
Agricultura	67	74.4%	74.4%
Carpinteria	2	2.2%	76.6%
Cocina	2	2.2%	78.8%
Albañileria	10	11.1%	90 %
Vaquero	1	1.1%	91.1%
Cuida pollos	1	1.1%	92.2%
Otros	3	3.3%	95.5%
Sin respuesta	4	4.4%	100 %
Total	90	100 %	

CUADRO N° 23

DISTRIBUCION DE INTERNOS SEGUN EL CONOCIMIENTO DEL TIEMPO DE SU CONDENA

Conocimiento	Frec. absoluta	Frec. relativa	Frec. acumulada
Conoce el tiempo	23	25.5%	25.5%
Desconoce el tiempo	48	53.3%	78.8%
Sin respuesta	19	21.1%	100 %
Total	90	100 %	

CUADRO N° 24

DISTRIBUCION DE INTERNOS SEGUN EL CONSUMO DE DROGA

Consumo	Frec. absoluta	Frec. relativa	Frec. acumulada
Si	22	24.4%	24.4%
No	65	72.2%	96.6%
Sin respuesta	3	3.3%	100 %
Total	90	100 %	

CUADRO N° 25

DISTRIBUCION DE INTERNOS SEGUN LA DROGA CONSUMIDA

Tipo de droga	Frec. absoluta	Frec. relativa	Frec. acumulada
Marihuana	5	5.5%	5.5%
Cocaina	1	1.1%	6.6%
Pitillo	16	17.7%	24.4%
Sin respuesta	68	75.5%	100 %
Total	90	100 %	

CUADRO N° 26

DISTRIBUCION DE INTERNOS SEGUN EL LUGAR INICIAL DE CONSUMO DE DROGA

Comenzó a consumir	Frec. absoluta	Frec. relativa	Frec. acumulada
Estando detenido	4	4.4%	4.4%
Fuera de prisión	18	20 %	24.4%
Sin respuesta	68	75.5%	100 %
Total	90	100 %	

CUADRO N° 27

DISTRIBUCION DE INTERNOS SEGUN MANTENCION DE RELACIONES SEXUALES EN PRISION

Mantiene relaciones	Frec. absoluta	Frec. relativa	Frec. acumulada
Si	2	2.2%	2.2%
No	87	96.6%	98.8%
Sin respuesta	1	1.1%	100 %
Total	90	100 %	

BIBLIOGRAFIA

- •— Fernández Albor, Agustín. "Estudios sobre criminalidad Económica". Ed. Bosch, España 1978.
- — Fran Alexander y Hugo Staub, "El delincuente y sus jueces desde el punto de vista sicoanalítica", Ed. ttiouoteca Nueva, España 1961.
- — Fneud, Segismundo, "Tótem y tabú", en Obras Completas, Ed. Biblioteca Nueva, España 1948.
- — Jackson, George. "Cartas de Prisión", Monte Avila Editores, Barcelona-Caracas, 1971.
- — La Sagrada Biblia, Ed. Herder, España 1968.
- — "Ocho Grandes Mensajes" (Enoiclicas Papales), Ed. B.A.C., Madrid 1974, 7ma. Edición.
- — Rodríguez Manzanero, Luis, "Crimimologia", Ed. Porrúa. S.A. México, 1979.
- — Sáinz Cantero, José, "La ciencia del Derecho Penal y su evolución", Ed. Bosch .A. .España 1975.
- — Rousseau, Juan Jacobo, "El Discurso sobre las Desigualdades", Ed. Porrúa, México 1975.
- — Taylor, Walton y Young, "Criminología Crítica", Ed. Siglo XXI, México 1977.
- — Sykes, G.M., "El crimen y la Sociedad", Ed. Paidós, Argentina 1961.
- — Villalba, Carlos, "La Justicai Sobornada", Ed. Trillas, México 1978.

HEMERO GRAFIA

- __ Aniyar de Castro, Lola, "Algunas consideraciones sobre elementos básicos en delito de Cuello Blanco". Ed. por la Universidad ae Zulia-Venezuela, 1979.

- Ariiyar de Castro, Lola, "El proceso de Críminallzación". Universidad de Zulia-Venezuela, sin fecha.
- Aniyar de Castro, Lola, "Conocimiento y orden social: Criminología como legitimación y Criminología como Liberación", Universidad de Zulia-Venezuela, sin fecha.
- Castillo B., Enrique, "Becker y Champan: Criminólogos Internacionalistas. ILANUD. Costa Rica, 1980.
- Revista "CRONICAS" N9 4, año II, Noviembre 1983, La Paz, Bolivia.
- Diario "El Mundo", de Santa Cruz de la Sierra (Bolivia) de fecha 31/12/81.
- Contraloría General de la República, Informe N9 6/15/82, Departamento Empresas Públicas y Mixta. Dirección: Auditoría, La Paz, Bolivia.
- Contraloría General de la República, Informe N9 6/21/83, Departamento de Empresas Públicas y Mixtas, Dirección de Auditoría, La Paz, Bolivia.
- Contraloría General de la República, Informe N9 6/V-88/83, Departamento: Administración Central, Dirección; Auditoría, La Paz, Bolivia.
- Contraloría General de la República .Informe N9 6/89/82, Departamento: Empresas Públicas y Mixtas, Dirección: Auditoría, La Paz, Bolivia.

TESIS

- Vásquez Hernández, Angela, "Formas y Dimensiones nacionales y transnacionales de la Criminalidad Económica". Proyectos de Tesis Doctoral.
- Viquez Jiménez, Mario Alberto, "La Prisión, Posición y Función en la sociedad Costarricense", trabajo inédito, México 1982. Tesis de Maestría.

INDICE

PROLOGO A LA 2DA EDICIÓN	5
REFERENCIA DEL EDITOR	15
I. PROLOGO	17
1.1. Planteamiento del problema	17
1.2. Relevancia del Problema. Antecedentes y Justificación	18
1.3. Hipótesis	20
1.4. Objetivos	21
1.5. Metodología	21
II- ESCUELAS TRADICIONALES DE LA CRIMINOLOGIA	23
II.1. Antecedentes	23
II.2. Dirección Antropológica o Teoría Lombrosiana	24
II.2.1. Delincuente Nato	24
II.2.2 Delincuente Loco Moral	27
II.2.3. Delincuente Epiléptico	28
II.2.4. Delincuente Loco	30
II.2.5. Delincuente Pasional	31
II.2.6. Delincuente ocasional	32
II.2.7. La mujer delincuente	32
II.3. Dirección Biológica	33
II.3.1. La endocrinología	33
II.3.1.1 Endocrinología y criminalidad	34
II.3.2. La Biotipología	34
II.3.2.1. Escuela francesa	34
II.3.2.2. Escuela Alemana	35
II.3.2.3. Escuela Italiana	35

II.3.2.4. Escuela Norteamericana	36
II.3.3.Dirección Genética	36
II.3.3.1. Las familias criminales	36
II.3.3.2.El estudio de los gemelos	37
II.3.3.3.Estudios de adopción	37
II.3.3.4.Aberraciones cromosomáticas	37
II.4. Dirección sociológica	38
II.4.1.Escuelas Cartográficas o estadísticas	38
II.4.1.1.Lambert Adolphe Quetelet	38
II.4.1.2.André Guerry	39
II.4.2.Escuela Antroposocial	40
II.4.2.1. Alejandro Lacassagne	40
II.4.2.2.Paul Aubry	40
II.4.3.Enrico Ferri	40
II.4.3.1. Clasificación de los delincuentes	40
II.4.3.2.Factores que influyen en la delincuencia	41
II.4.3.3. La ley de Saturación Criminal	41
II.4.3.4. Substitutivos penales	42
II.4.4. Gabriel Tarde	43
II.4.4.1.Causas de la criminalidad y solución	43
II.5.Dirección Psicológica	44
II.5.1. Sigmund Freud	44
II.5.2. Alcxander y Staub	45
II.6. Dirección Clínica	46
II.7. Algunas consideraciones	46
III. ¿Y ESTOS DELITOS COMO SE EXPLICAN?	51
III.1. Compra-venta de equipos integrales agrarios Hanne	51
II.2. Convenio de crédito con la firma Puerto Norte S.A.	53
III.3.Cobro del Cheque N* 2143 por $US. 278.085.45	65
III.4. Licitación para provisión de equipos petroleros	67

III.4.1. Los antecedentes	67
III.4.2 Aspectos legales	67
III.4.3. Acción a seguirse	69
III.5. El Caso "Roberto Suárez Gómez"	70
III.6. El caso de los bonos de lealtad	72
III.7. El caso del contrato privado para la explotación de la Gaiba	72
IV. LA EXPLICACION DE ALGUNOS AUTORES	**74**
IV.I. Antecedentes	74
IV.2. Definición	76
V.- APLICACION DIFERENCIAL DE LA LEY	**80**
V.1. La propiedad privada: motivo de las diferencias	80
V.2. La ley es de quien la crea	81
V.3. Los detenidos en las cárceles son presos políticos	83
V.4. La función estigmatizante de la Administración de Justicia y Policía	83
V.5.- EJEMPLOS DE LO HASTA AHORA AFIRMADO	**85**
V.5.1. La Granja de Espejos	85
V.5.2. Los resultados de la encuesta	86
V.5.2.1. Edad	86
V.5.2.2. Estado Civil	86
V.5.2.3. Lugar de nacimiento	86
V.5.2.4. Escolaridad	87
V.5.2.5. Cursos impartidos en la Granja	87
V.5.2.6. Normas urbanísticas del vecindario	87
V.5.2.7. Motivo de ingreso	87
V.5.2.8. Situación económica	88
V.5.2.9. La vivienda oue posee	88
V.5.2.10 Ocupación	88
V.5.2.11. Evolución delictiva	89
V.5.2.12. Condición legal	89
V.5.2.13.- Número de prisioneros que habitan una	

celda	90
V.5.2.14 Trabajo que realizan en el recinto	90
V.5.2.15. Consumo de droga	90
V.5.2.16. Relacion sexual	91
V.5.2.17. Otras consideraciones	91
V.5.3. Recurso de Hsbeas Corpus	91
V.5.3.1. La defensa de los recurridos	91
V.5.4. El caso del Universitario Félix Guzmán Peinado	93
V.5.4.1. El Hecho	93
V.5.4.2. Algunas consideraciones	93
VI.- CONCLUSIONES Y PROPOSICIONES	96
VI.1. Conclusiones	96
VI.1.1. Conclusiones generales	96
VI.1.2. Conclusiones específicas	97
VI.2. Proposiciones	98
anexos	99
BIBLIOGRAFIA	134
HEMERO GRAFIA	134
TESIS	135

La 1ers edición, se terminó de imprimir el 5 de Julio de 1985 (Santa Cruz – Bolivia).

La 2da impresión se realiza a través de US KDP Print. (New York) US. Enero, 2022.

.

www.ingramcontent.com/pod-product-compliance
Lightning Source LLC
Chambersburg PA
CBHW071509220526
45472CB00003B/959